El Buen Libro y Las Empresas

Lecciones tomados del El Numero UNO "Bestseller" En toda la historia

Second Edition

Dave Kahle

Copyright © 2017 by Dave Kahle. All rights reserved.

Ninguna parte de esta publicación puede ser reproducida, almacenada en un sistema de recuperación o transmitida de ninguna manera por ningún medio, electrónico, mecánico, fotocopia, grabación o de otra manera sin el permiso previo del autor.

Todas las citas de las Escrituras, a menos que se indique lo con-trario, están tomadas de la Santa Biblia, Nueva Versión Internac-ional®, NIV®. Copyright © 1973, 1978, 1984, 2011 por Biblica, Inc. ™ Utilizado con permiso de Zondervan. Todos los derechos reser-vados en todo el mundo. www.zondervan.com "NIV" y "New Inter-national Version" son marcas comerciales registradas en la Ofici-na de Marcas y Patentes de los Estados Unidos por Biblica, Inc.

Las citas de las Escrituras marcadas (nasb) están tomadas de New American Standard Bible®,

Copyright © 1960, 1962, 1963, 1968, 1971, 1972, 1973, 1975, 1977, 1995 de The Lockman Foundation. Utilizado con permiso.

Este libro está diseñado para proporcionar información precisa y fidedigna sobre el tema cubierto. Esta información se proporciona con el entendimiento de que ni el autor ni Dave Kahle Management, LLC. se comprometen a brindar asesoramiento legal y profesional. Dado que los detalles de su situación dependen de los hechos, también debe buscar los servicios de un profesional competente.

Publicado por Dave Kahle Management, LLC. P.O. Caja 523; Comstock Park, MI 49321 1.616.451.9377 | www.thegoodbookonbusiness.com publicado en los Estados Unidos de América

ISBN: 9781079749540

1. Religion

2. Negocios y Estudios Económicos

CONTENIDO

¿Porque este libro? 1

En el Principio 15

¿Que es una empresa Biblica? 23

    Perfil de Una Empresa Bíblica: EC Group 33

Abraham: "Una Empresa Bib-lica en Esteroides" 38

Recompensas and Castigos 47

    Biblical Business Profile: Howell Plumbing Supply 56

Relationships con otros en un contexto Bíblico 61

Empresas Bíblicas llevan importancia espiritual 71

    Perfil Biblico de Empresario: 88

Lo que Jesus decía en cuanto a empresas 93

Empresas Bíblicas en el Nuevo Testamento 107

    Biblical Business Profile: Performance Systematix 121

Un Cuadro consolidado de una Empresa Biblica 125

Transformando Tu Empresa 141

Implicaciones de Familias 151

  Perfil Empresario Biblico Home Coders 158

Empresas Biblicas, Tu, La Economia, y La Cultura 163

Que Nos Impide? 171

  Perfil: La Empresa Innogroup 185

¿Que vamos a hacer? Un Plan de acción para avanzar 191

Reflexiones 207

Notas 211

Capitulo 1

¿Porque este libro?

"No puedo imaginar cómo las personas pueden hacer lo que sea necesario para construir un negocio sin tener una visión de un propósito mayor para el negocio. Se necesita mucho tiempo, esfuerzo y energía emocional. Lo más triste del mundo es que un empresario con mucho éxito recuerde sus esfuerzos y diga: "¿Y qué?"

Esos son los comentarios de un CEO que entrevisté en preparación para este libro. El conflicto interno que el lleva está en el corazón de este libro. Y es el enfoque que vamos a tratar. Mi propósito es ayudarlo a ver que sus esfuerzos son parte de un propósito mayor, una vocación superior, que proporcionará energía, dirección y satisfacción en su carrera y su negocio.

Llevamos vidas increíblemente ocupadas en estos días. Desde el momento en que nos despertamos hasta que caemos sobre la almohada por la noche, saltamos de una "cosa por hacer" a otra en un frenesí de actividad: correos electrónicos, mensajes de texto, llamadas telefónicas, personas para ver y cosas que hacer.

Richard Swenson lo puso bien en su libro Margin

La tendencia espontánea de nuestra cultura es agregar inexorablemente detalles a nuestras vidas: una opción más, un problema más, un compromiso más, una expectativa más, una compra más, una deuda más, un cambio más, un trabajo más, una decisión más . Ahora debemos lidiar con más "cosas por persona" que en cualquier otro momento en la historia.

Eso, por sí mismo, no es necesariamente algo malo. Soy una personalidad tipo A, por ejemplo, y me gusta tener mucho que hacer. Me energiza y saca lo mejor de mí. Estoy seguro de que muchos de ustedes experimentan el mismo tipo de energía y emoción del frenesí.

Está bien estar ocupado con muchas cosas, siempre y cuando esas sean las cosas correctas. Y ahí radica el problema. ¿Y si no lo son? ¿Qué pasa si, al final de su carrera, mira hacia atrás con cierto grado de orgullo, tomó esta idea y la llevó a buen término? Usted creó una organización; Usted ayudó a enriquecer a un cierto número de personas y se ganaba la vida para otros. Al hacerlo, disfrutaste de la prosperidad que te correspondía. Hoteles lujosos, grandes casas, excelentes vacaciones, lo mejor de todo: ¡éxito!

¿Y qué pasaría si, después de todo eso, te hicieras la pregunta "¿Y qué?" ¿Y no tuvieras respuesta?

¿Qué pasa si, en esas ocasiones en la quietud de la noche, cuando se despierta y mira al techo, o en la tranquilidad de su oficina, antes o después de que la actividad caiga sobre usted, donde tiene la oportunidad

¿Porque este libro?

de tomar un descanso? Respire hondo, para hacer una pausa y reflexionar, formule la pregunta: "¿Por qué? ¿Por qué hago esto?"¿Y si no tuvieras una buena respuesta?

Se ha demostrado que la falta de propósito en la vida o en los negocios aumenta un número creciente de consecuencias negativas. El aumento en el uso de drogas, el abuso del alcohol, la depresión y los pensamientos suicidas crecen en personas que no tienen ningún sentido de propósito en sus vidas. Aquellos que tienen un fuerte sentido de propósito viven más tiempo y tienen menos probabilidades de tener enfermedades cardíacas y accidentes cerebrovasculares.

Nuevamente, las estadísticas no importan en medio de la noche, cuando eres tú quien está despierto, pensando en el significado de todo el tiempo y el esfuerzo que dedicas a tu negocio. ¿Es la adquisición de más bienes materiales la única razón por la que haces esto? ¿Cuándo es la casa lo suficientemente grande, el auto lo suficientemente caro, los viajes lo suficientemente lujosos?

¿Por qué trabajas tan duro? ¿Qué pasaría si pudiera descubrir un propósito para su negocio y su vida que fuera más grande que cualquier cosa que pueda concebir por su cuenta? ¿Qué pasaría si hubiera un propósito que se extendió de generación en generación y se extendió más allá de lo que puede ver ahora?

Si alguna vez ha cuestionado su propósito, si alguna vez ha reflexionado sobre un propósito mayor y una vocación superior para su negocio, su carrera y su vida, entonces este libro es para usted. Las empresas familiares bíblicas proporcionan tal propósito.

Integración del Trabajo con la Vida

No hay un empresario vivo que no tenga problemas para equilibrar las demandas del trabajo o negocio con las necesidades de su familia. Vivimos en una nube de culpa. Podríamos pasar veinte horas al día en el trabajo, y cada vez que nos vamos, dejamos cosas sin hacer que se podrían haber hecho. Así que nos sentimos culpables por eso. Por otro lado, podríamos pasar tanto tiempo con nuestras familias. Parece que el tiempo que dedicamos al trabajo nos roba el tiempo a nuestras familias. A veces, nos sentimos culpables solo de ir a trabajar.

El problema del equilibrio entre el trabajo y la familia se agudiza cada año. El Consejo de Asesores Económicos informó que los padres que informaron sobre conflictos entre la vida laboral y familiar aumentaron de 35 por ciento en 1977 a 60 por ciento en 2008.2 Eso es casi el doble en menos de una generación.

¿Porque este libro?

Por supuesto, el problema para los propietarios de pequeñas empresas es aún más grave. Una encuesta realizada por The Alternative Board encontró que la mitad de los dueños de negocios en los EE. UU. Trabajan más de cincuenta horas a la semana, y el 20 por ciento trabaja sesenta o más horas.3

Pero independientemente de las estadísticas, si usted es propietario u operador de una pequeña empresa, conoce íntimamente el sentimiento de culpa que prevalece que parece envolverlo como una nube en cualquier lugar. Pase un poco de tiempo extra en el negocio y se sentirá culpable por no estar con la familia. Pase tiempo con la familia y no podrá evitar sentirse culpable por lo que no se está haciendo en el negocio. Se siente como una situación de no ganar.

Algunos incluso llegan a renunciar a la idea. Sheryl Sandberg, COO de Facebook y autora del popular libro Lean In, ha argumentado: "No existe el equilibrio entre la vida laboral y la personal". Hay trabajo, y hay vida, y no hay equilibrio ". 4

Si solo hubiera una manera de integrar de manera más pacífica, racional e inocente el trabajo con nuestras vidas. ¿Y si hubiera una solución? ¿Qué pasaría si hubiera una solución radical, fuera de la caja, probada durante innumerables generaciones y miles de años? Las empresas familiares bíblicas proveen tal solución.

Pero hay más. Independientemente del impacto potencial en usted, su empresa y su familia, las ideas en este libro pueden impactar la economía y nuestra sociedad en caso de que se implementen en cantidad y calidad.

Casi todos reconocen que el estado actual del endeudamiento del gobierno es insostenible. Algo en la economía tiene que cambiar. Este libro ofrece una posible solución.

Quédate conmigo y descubrirás soluciones antiguas para muchos de nuestros problemas modernos, soluciones que han sido ignoradas por generaciones. Descubriremos lo que la Biblia tiene que decir sobre los negocios. Antes de hacerlo, tratemos algunas preguntas comunes.

¿Por qué debería importarme lo que la Biblia tiene que decir sobre las empresas?

Supongamos que te preocupas por los negocios o que no estarías leyendo esto. La mayoría de las personas que se preocupan por los negocios, ya sean empresarios, aspirantes a ser empresarios, empresarios de todas las tendencias y quienes enseñan y orientan a los empresarios, quieren hacerlo mejor. Simplemente está integrado en nuestro ADN para luchar por "más".

Todos creemos, en un nivel central, profundo, que hay más potencial para nuestros negocios y nuestras carreras que lo que vemos inmediatamente frente a nosotros. Y nos estamos esforzando por intentar alcanzar ese potencial. Este impulso incesante nos impulsa a esforzarnos por hacer más, impactar más, influir más, emplear más, etc. No se trata solo de ganar más dinero, sino de eso. Se trata, fundamentalmente, de lograr el potencial que sospechamos que tenemos en nosotros mismos y en nuestros negocios. Esta necesidad de "más" proporciona la motivación para las personas como nosotros que compramos los miles de libros de negocios escritos cada año, asisten a los seminarios, escuchan los podcasts y miran los videos, todo en un intento por aprender algo que ayude a hacer Un cambio positivo en nosotros mismos y en nuestros negocios.

Asignamos cierta credibilidad a los autores y consultores cuyas ideas buscamos. Por lo general, son consultores individuales o equipos de ellos que han estudiado algún segmento de negocios o comportamiento empresarial y hacen algunas recomendaciones para nuestras acciones.

Pero, ¿qué pasaría si pudiéramos ir al libro más singular del mundo, una colección de los mejores autores escritos por cuarenta y cuatro autores, escrita en un lapso de 1.500 años y sin embargo, todos arrojando luz sobre aspectos de los mismos temas? ¿Qué pasaría si pudiéramos extraer de ese libro un conjunto coherente de directrices, mentalidades y principios que informen nuestra búsqueda de ser más y lograr más? ¿No sería eso credibilidad e información de un nivel superior?

Es por eso que debería importarte. La información proviene de una fuente superior.

¿Tengo que creer en la Biblia y en Dios para aprender de este libro?

No. Hay una serie de posiciones que las personas tienen con respecto a su opinión de la Biblia. Puedes sostener casi cualquiera de ellos y aún ganar con este libro.

Piense en estas diversas posiciones como posiciones extendidas en un continuo. Al final del espectro está la posición "La Biblia es palabra por palabra verdadera y es la Palabra inspirada de Dios, que la escribió a través de las mentes y los corazones de los escritores humanos". Si esa es tu posición, claramente lo harás. aprender de este libro.

Más abajo en el espectro están los que sostienen "La Biblia es la Palabra de Dios, pero no se puede creer palabra por palabra". Se trata más de conceptos que dan detalles ". Si esa es su posición, encontrará que los conceptos que descubrimos en este manuscrito son extremadamente útiles, incluso cambian la vida.

Y más abajo en el espectro están los que sostienen "No estoy seguro de que la Biblia sea la Palabra de Dios, pero claramente es un trabajo único y tiene mucha sabiduría que puede ayudarnos a guiarnos". Si es allí donde se encuentra, encontrará La sabiduría que descubrimos en este manuscrito es personal, práctica y de valor en la medida en que puede cambiar sus negocios, su carrera y quizás incluso la economía. Como cuestión práctica, es posible que desee suspender temporalmente su posición acerca de que es la Palabra de Dios, como a menudo lo llamo como tal. Simplemente hace que sea más fácil ver las conexiones entre las ideas expresadas por escritores que están separados por generaciones. Puede volver a sus creencias después de haber terminado este libro.

Más abajo en el espectro están los que sostienen esto: "No sé lo que creo acerca de la Biblia. Parece que millones de personas piensan que es especial, pero no me he decidido. "Justo lo suficiente. Dejemos esa pregunta en suspenso hasta que haya terminado este libro. Es posible que tenga alguna información adicional para informar su opinión. En cualquier caso, las ideas transmitidas en la Biblia se sostienen por sí mismas. Tómalos por lo que son.

Finalmente, puedes mantener la posición "La Biblia es un montón de fábulas. No creo nada de eso ". Es posible que no desee seguir leyendo. Mientras que las ideas, como dije antes, se sostienen por sí solas, es necesario tener al menos un poco de respeto por la fuente de esas ideas.

¿Existe un "Diez Mandamientos para los empresarios?"
No exactamente. Hay unos mandamientos muy específicos que se dieron a los Hebreos hace tiempo que nos proporcionan algunas pautas excelentes para nosotros hoy.

La mayor parte de este libro está enfocado en la imagen que podemos obtener de un negocio bíblico no por un comando directo, sino por verlos en funcionamiento. Si bien no hay en la Biblia los comandos de "Debes crear un negocio", hay instantáneas de docenas de negocios. Al observar cada una de estas instantáneas, podemos armar una imagen de lo que constituye un asunto bíblico. Aprendemos sobre los negocios bíblicos al verlos en operación.

¿Estás abogando por alguna religión?
De ninguna manera. Se trata de negocios, no de religión. Creo que la religión es uno de los mayores males perpetrados en la humanidad. Pero asegurémonos de que estamos usando los mismos términos. Hay una diferencia

entre religión y espiritualidad. La religión se caracteriza por edificios, reglas, jerarquías, profesionales e instituciones. La espiritualidad es sobre la relación de uno con Dios. Los dos no necesariamente se contraponen.

Cuando se trata de religiones, estoy en contra de ellos. Cuando se trata de espiritualidad, soy un discípulo comprometido de Jesucristo.

De acuerdo, ahora que sé cuál es su posición, ¿hay alguna diferencia entre un negocio no bíblico y uno bíblico?
Déjame compartir contigo el perfil de un negocio bíblico, y tú decides.

¿El cristianismo en general no ha abogado por los negocios bíblicos?

Honestamente, casi nada. El mundo religioso ha malinterpretado de manera terrible y casi universal a los negocios, específicamente a los negocios con orientación bíblica.

El mundo religioso siempre ha considerado a las empresas como un mal necesario. Alguien tiene que ganar dinero para apoyar a sus instituciones, y por eso las instituciones religiosas han tolerado los negocios entre sus partidarios, mientras que sostener que el ministerio, el ministerio real, siempre se hace dentro del ámbito de la iglesia institucional, o eso dice la creencia. Lo que los empresarios hacen de lunes a viernes, por lo tanto, no tiene nada que ver con su posición en el esquema institucional de la iglesia. Esta visión de los negocios ha sido aceptada durante mucho tiempo sin cuestionamientos por los promotores y agitadores en el establecimiento religioso. Se ha predicado desde el púlpito y se ha actuado de innumerables maneras.

Eso está cambiando lentamente. Alrededor del cambio de siglo, un movimiento conocido como "negocios como misión" (Business As Missions) BAM, por sus siglas en inglés) se levantó y logró algo de tracción tanto entre los adherentes a la iglesia institucional como con una porción de la comunidad empresarial. La idea es que los negocios, o al menos una entidad que se llama a sí mismos un negocio, pueden penetrar en ciertas geografías y grupos de personas que están fuera del alcance de la iglesia institucional. Así que los defensores originales de BAM estaban motivados por los valores religiosos tradicionales. No era que los negocios tuvieran el potencial de ser una fuerza poderosa para el Reino; era el temor que la estructura institucional podía ser reemplazado por una iglesia no tradicional. Así que para BAM, un negocio pudiera ser realmente un brazo sigiloso de la iglesia institucional.

En los últimos años, esa idea se ha ampliado un poco para permitir que algunas empresas puedan tener fines altruistas más allá de simplemente ganar dinero. Por ejemplo, una empresa que suministre pozos de agua a las aldeas rurales africanas se aceptaría dentro de las definiciones generales de BAM, mientras que una empresa que vendía acciones a inversionistas institucionales no.

Las personas que abogan por este enfoque casi siempre salen de un fondo institucional de la iglesia. Se centran en el producto vendido por la empresa y, a menudo, se pierden los procesos y las relaciones que forman parte integral de cualquier empresa.

Si bien estos conceptos son alentadores y son un movimiento en la dirección correcta, pierden la marca. La visión bíblica de los negocios no es "negocio como misión" (BAM), es "negocio es ministerio" (BIM).

No soy tan ingenuo como para creer que este libro solo va a convencer a multitudes de personas a cambiar algunos de los paradigmas que la iglesia y la cultura les han inculcado. Los paradigmas están demasiado arraigados para ser fácilmente desechados.

Pero creo que tengo una responsabilidad para agregar a la conversación. Si bien la resistencia a lo que tengo que decir puede ser extraordinaria, mi esperanza es que pueda decir que liberará a otros para seguir adelante. Dios ha comenzado un movimiento. Podemos saltar y ayudar a tocar a las personas, mejorar las vidas de las personas y cambiar el mundo.

Este libro está dividido en dos secciones. El primero explora la enseñanza bíblica sobre negocios, llegando a la conclusión de que no hay otra entidad en el Reino de Dios que tenga más poder y potencial que un negocio bíblico.

La segunda parte aborda las preguntas que necesariamente siguen. Si realmente aceptamos esta idea y trabajamos diligentemente para crear

una cultura que alienta y celebra los negoci-os bíblicos, ¿cuáles serían las implicaciones? ¿Cómo sería diferente nuestra economía? ¿Cómo serían nuestras familias diferentes? ¿Qué nos impide ahora? ¿Cómo podríamos seguir adelante?

> Dios creó el trabajo, y por extensión, el negocio, como el lugar donde Dios hablaría con el hombre, se relacionaría con el hombre y trabajaría con el hombre.

Mi convicción es que si los negocios bíblicos se aceptan como los medios principales de Dios para penetrar al mundo con su Reino, y si solo una fracción de las personas que ya tienen posiciones de influencia promovieran el concepto, podríamos transformar el mundo.

Y para el lector, aquí está la última pregunta: "¿Qué debe hacer?" En cualquier parte de su sistema de creencias

¿Porque este libro?

o lugar en la vida, le pediré que suspenda sus paradigmas profundamente arraigados de lo que es un negocio. y considere algunos pasajes de las Escrituras de maneras que probablemente nunca haya visto antes. Al final de este libro, si ve la visión de lo que podría y debería ser un asunto bíblico, experimentará una sensación de libertad que nunca antes haya experimentado. Te darás cuenta de una sensación de euforia y emoción ante las posibilidades que se encuentran frente a ti. Además, tendrá un aprecio renovado por la sabiduría de Dios y las complejidades y la profundidad de su Reino.

Capitulo 2

En el Principio

Son los primeros momentos de la creación. Dios está ocupado en el trabajo, creando el universo, y acaba de crear su entidad más compleja: el hombre. O, más concretamente, el hombre Adán. Es una criatura especial, hecha a imagen y semejanza de Dios mismo y colocada en lo más alto del mundo creado.

¿Cómo se relacionará Dios con Adán y su progenie? ¿Creará alguna organización especial, como una iglesia, y le ordenará a Adán que lo adore? ¿Le dará a Adán una familia y esperará que en la miríada de decisiones de criar hijos y llevarse bien con su cónyuge, Adán lo busque por sabiduría y orientación y, por lo tanto, busque una relación con Dios? ¿Qué hará Dios con Adán? ¿Con qué propósito lo creó Dios?

Él le dará a Adam un trabajo. Primero, un propósito de por vida y luego una tarea específica que contribuye a ese propósito. Luego, dentro del contexto de ese trabajo, Dios trabajará con Adán, le hablará, se relacionará con él y trabajará junto con él.

En otras palabras, Dios creó el trabajo, y por extensión, los negocios, como el lugar donde Dios hablaría con el hombre, se relacionaría con el hombre y trabajaría con el hombre.

Echemos un vistazo:

> *El Señor Dios tomó al hombre y lo puso en el Jardín del Edén para trabajarlo y cuidarlo. (Gen. 2:15)*

Aquí está el propósito de la vida de Adán: trabajar el Jardín del Edén y cuidarlo. Si bien el cargo se le otorga específicamente a Adán, él fue el primero de la raza humana y sentó un precedente para las generaciones venideras. En el gran plan de Dios, trabajar y cuidar la creación, no solo el Jardín del Edén, proporcionará el contexto para el propósito de la vida de cada persona. Cada hombre y cada mujer tendrán un propósito de vida que encaja dentro de ese cargo.

Entonces note lo que Dios hizo a continuación:

> *Ahora el Señor Dios había formado de la tierra todos los animales salvajes y todas las aves en el cielo. Él los llevó al hombre para ver cómo los llamaría; y como el hombre llamara a cada criatura viviente, ese era su nombre. (Gen. 2:19)*

Le dio a Adán una tarea específica que encaja dentro del propósito general. Es como si le dijera a Adam: "Adam, el propósito de tu vida será cuidar y hacer funcionar mi creación. Eso te mantendrá continuamente comprometido para siempre, ya que habrá un conjunto interminable de tareas que deberán realizarse. Vamos a empezar. Tu primer trabajo es nombrar a los animales. Yo ayudaré. Te los traeré y tú los nombrarás ".

La tarea de nombrar a los animales dio como resultado que Adam impusiera su sentido de organización en la creación y que requiriera una cantidad significativa de creatividad. Mientras que antes había cierta incoherencia en la creación, uno no podía hablar de los animales, ahora había un nivel más alto de organización.

Darse cuenta de…

1. 1.El propósito de la vida de Adán le fue dado por Dios, y fue para "trabajar".

2. 2. La tarea específica de Adán, su trabajo inmediato, le fue dada por Dios.

3. 3. El trabajo que se le dio requería que usara su creatividad y dio como resultado un entorno más organizado: la huella única del hombre en la creación.

4. 4. Dios trabajó con Adán para completar el trabajo.

Sabemos que Dios hizo al hombre a su imagen. Hay múltiples formas en que las características de los humanos imitan a las de Dios. Pero la primera forma mencionada en la Biblia tiene que ver con el trabajo. Una de las características de Dios es que él es un trabajador. La Biblia se abre con la historia de él trabajando. Lo vemos trabajando en la creación del universo y luego descansando de su trabajo:

Para el séptimo día, Dios había terminado la obra que había estado haciendo; así que en el séptimo día descansó de todo su trabajo. (Gen. 2: 2-3)

Como el trabajo es tan importante para Dios, cuando hizo al hombre, lo hizo para ser un trabajador. Observe que antes de que él creara a Eva, antes de que existieran los cónyuges y las familias, antes de que existiera "iglesia", antes de que hubiera profetas o sacerdotes antes de que existieran las Escrituras, había trabajo. Dios le dio a Adán un trabajo antes de que él le diera un cónyuge.

Y Dios eligió interactuar con el hombre para completar la tarea que él le dio. Dios trabajó con Adán para completar la tarea. ¡Su lugar inicial para relacionarse con la humanidad estaba en el trabajo!

> Como el trabajo es tan importante para Dios, cuando hizo al hombre, lo hizo para ser un trabajador. Note que antes de crear a Eva, antes de que existieran los cónyuges y las familias, antes de que hubiera "iglesia", antes de que hubiera profetas o sacerdotes, antes de que existieran las Escrituras, había trabajo.

Es como si Dios le dijera a Adán: "Adán, si quieres hablar conmigo y conocerme, la manera de hacerlo es trabajar conmigo. Vamos a trabajar juntos."

Entonces, el trabajo se convierte en un bloque de construcción fundamental, no solo de los fundamentos de la existencia del hombre, sino también como el lugar en el que Dios se relacionará con la humanidad. En estos dos pasajes, vemos cuatro precedentes fundamentales establecidos:

El propósito de la humanidad, tanto de por vida como específico, se encontrará dentro del contexto del trabajo. Dios le dará al hombre, y, como veremos más adelante, a cada persona, un cargo específico dentro del contexto más amplio de "trabajar y cuidar la creación".

- El trabajo del hombre requiere que use sus dones de creatividad para crear un resultado cada vez más organizado.
- Dios trabajará con el hombre interactuando con la humanidad dentro del contexto de su trabajo.

> Dios no creó al hombre solo para adorarlo; ¡Hizo al hombre trabajar con él y así relacionarse con él!

El propósito principal de la existencia del hombre es hacer el trabajo y hacerlo con Dios. En este punto de la historia de la creación, no hay empresas, ya que no hay otras personas. Pero a medida que la historia bíblica se desarrolla y el mundo se vuelve poblado, vemos el surgimiento de las empresas como una de las principales formas en que se realiza el trabajo.

Los precedentes establecidos en el primero de la creación describe cómo Dios ha trabajado con la humanidad a lo largo de los siglos. No importa si está hablando con un grupo de personas como la iglesia o si está dirigiendo a un individuo (como Moisés, Joshua, etc). Le da al hombre una carga: siempre encaja en el trabajo de "mantener y trabajar la creación de Dios". Es una tarea más específica. El trabaja con el hombre en la realización de esa tarea.

Vemos ese mismo patrón, el patrón— que estableció al principio—- repetido una y otra vez en las páginas de las Escrituras. Moisés recibió el encargo de sacar a la gente de Egipto, y luego Dios trabajó con él para hacerlo. Josué recibió el encargo de quitarle a los habitantes la tierra prometida, y Dios trabajó con él para hacerlo. David recibió el encargo de unir a Israel en un reino unificado, y Dios trabajó con él para hacerlo. La lista sigue y sigue con ejemplos demasiado numerosos para incluir aquí.

Incluso en el Nuevo Testamento, a Juan se le dio el encargo de preparar el camino para Cristo; A Jesús mismo se le dio el encargo de introducir el Reino de Dios y se le permitió hacerlo por el poder de su Padre. Pablo recibió el encargo de llevar el Reino a los gentiles y se le proporcionó el poder del Espíritu Santo para hacerlo.

El patrón se repite tan a menudo que es imposible pasarlo por alto. Es una forma fundamental de que Dios trabaje con la humanidad. El apóstol Pablo lo deja claro en su carta a los Efesios:

> *Porque somos la obra de Dios, creados en Cristo Jesús para hacer buenas obras, que Dios preparó de antemano para que hagamos. (Ef. 2:10)*

El trabajo, y por extensión, el negocio, es tan importante para Dios que él ha creado "obras" para cada uno de nosotros y las preparó mucho antes de que estemos listos para hacerlas. Así como le dio a Adam la tarea de nombrar a los animales y luego trabajó con él en esa tarea, así también nos da a cada uno de nosotros tareas y trabaja con nosotros para hacerlos. Es así como diseñó su creación para operar.

Si bien estamos familiarizados con estos grandes movimientos de Dios y las grandes historias que los describen, hemos perdido una de las verdades subyacentes: que la forma principal en que Dios trabaja con el hombre es a través de nuestro trabajo y los negocios que surgen de él. Nunca lo hemos visto porque nunca lo hemos buscado. La religión tradicional, porque elige ver los negocios como un mal necesario, no ha tenido ninguna razón para intentar descubrir la visión bíblica de los negocios o el papel increíblemente importante que desempeña en el plan maestro de Dios.

Si podemos considerar estos versículos de la Biblia de manera objetiva, ¡está claro que Dios creó al hombre para el trabajo y, por extensión, para los negocios!

Recapitulando en este capitulo

1. ¿Cuál es el significado del hecho de que Dios le dio trabajo a Adán antes de que él le diera un cónyuge y una familia?

2. ¿Cuáles son las implicaciones de Dios en relación con Adán en su trabajo y trabajar con él para cumplir la tarea que Adán recibió?

3. ¿Qué ejemplos bíblicos puedes encontrar del precedente establecido en Génesis: Dios le da a una persona una tarea y luego trabaja con él para completar esa tarea?

Capitulo 3

¿Que es una empresa Biblica?

No se necesita mucha búsqueda para notar el enorme papel que desempeñan los negocios y los empresarios en la historia bíblica. Ya que el trabajo es el lugar principal para que Dios interactúe con la humanidad, solo se deduce que el negocio, la extensión lógica del trabajo, es muy importante.

No es tanto que la Biblia transmita órdenes a los hombres de negocios. No hay mucho lenguaje de tipo "Debes ser honesto en tu negocio", aunque hay algunos. Más bien, la Biblia presenta a las empresas como la unidad organizativa celular para las economías y sociedades bíblicas. Aprendemos sobre los negocios bíblicos más al verlos en operación que por una dirección específica.

La mayoría de las traducciones de la Biblia usan el término "casa" para describir un negocio. Sin embargo, el establecimiento religioso generalmente sostiene que los "casas" son otro nombre para "familia". Si bien eso se ajusta a nuestras sensibilidades modernas, es inexacto. Es un error común pensar en una familia como en una familia. La Biblia en realidad dice muy poco sobre las familias y la vida familiar. Ken Collins hace un gran trabajo al articular el tema:

La familia nuclear moderna.

El concepto de la familia nuclear es tan antiguo como el concepto de la bomba nuclear. Incluso nuestros antepasados más recientes encontrarían nuestra definición de la palabra familia muy limitada, muy extraña, y quizás incluso extraña. Antes de la Segunda Guerra Mundial, una familia incluía a todos los parientes vivos, a todos los antepasados e incluso a personas que no están legalmente relacionadas, como cuñados, cuñadas, terceras primas o incluso amigos cercanos. Por ejemplo, cuando mi madre crecía en la década de 1930, tenía una tía que en realidad era solo una amiga de la familia según la estimación moderna.

Hoy, especialmente en la política, el significado real de la palabra familia se encuentra más en quién excluye que en quién incluye.

La palabra familia aparece cada vez más en las traducciones modernas de la Biblia, pero ni el griego bíblico ni el hebreo bíblico poseen una palabra que significa lo que queremos decir cuando decimos, ¡familia! Donde hablamos de familias, la Biblia habla de casas. Los traductores ponen en la palabra familia, no solo para que su traducción sea más accesible para nosotros, sino también para que nuestros libros de bolsillo sean más accesibles para ellos. Hay una razón práctica para esto. En esta época, cuanto más parezca una traducción de la Biblia para defender los valores familiares, más venderá. ¿De qué sirve una traducción de la Biblia si nadie la lee? ¿Y quién lo leerá si nadie lo compra?

Pero también debemos entender lo que significa la Biblia por hogar.

¿Que es una empresa Biblica?

"Tu y Tu Casa"... (Una Hacienda de Dios)

Entonces, cuando leemos en la Biblia sobre "casas", o en traducciones más recientes, sobre familias, debemos entender que los términos del siglo XXI todavía no se habían inventado. No había electrodomésticos, por lo que había un personal doméstico. La familia era tanto una familia como un negocio; incluía a los miembros de la familia, la doncella de arriba, el jardinero, el cocinero, el empleado de archivo, la ayuda domestica, el recepcionista, el vendedor, la mano estable, el cuidador, el ama de llaves, el contador y la institutriz, y todos vivían juntos en una casa Hacienda, eso habría sido una CASA bastante grande, pero entiendes la idea. Los miembros de la familia estaban facultados para llevar a cabo el negocio del gran Señor.

Es mi convicción de que los hogares bíblicos son realmente negocios. He aquí por qué he llegado a esa conclusión:

1. Incluían empleados

Las "casa" eran más grandes que las familias e incluían empleados. Por ejemplo, sabemos que Jacob era un empleado de Labán y parte de su hogar. Aquí está lo que le dijo a su suegro: (también Hacienda)

> *Así fue durante los veinte años que estuve en tu casa. Trabajé para usted catorce años para sus dos hijas y seis años para sus rebaños, y cambió mi salario diez veces. (Gen. 31:41, cursiva agregada)*

2. Incluían esclavos

Nota los que Dios dijo a los Israelitas:

> *Para las generaciones venideras, todos los hombres en-tre ustedes que tienen ocho días de edad deben ser cir-cuncidados, incluidos los nacidos en su casa o compra-dos con dinero de un extranjero,*

> *aquellos que no son su descendencia. (Gen. 17:12, cursiva agregada)*

Esos "comprados con dinero" eran, por supuesto, esclavos.

3. Dios proveyó "casas numerosas" como re-compensa por la obediencia a él

> *Debido a que las parteras temían a Dios, Él estableció casas (Hebreo)para ellos. (Éxodo 1:21, nasb) Muchos hi-jos en otras versions.*

4. Los casas podrían convertirse en entidades muy grandes.

Piensa en cuán grande debe haber tenido la casa de Abram basado en este versículo:

> *Cuando Abram se enteró de que su pariente había sido tomado cautivo, llamó a los 318 hombres entrenados que nacieron en su casa y se fue a perseguir hasta Dan. (Gen. 14:14)*

Si hubieran 318 hombres entrenados que hubieran nacido en su hogar, ¿cuántos hombres adicionales sin entrena-miento habrían sido? ¿Cuántos padres, hombres mayores, hombres más jóvenes, mujeres, niños y niñas habrían tenido 318 hombres entrenados? No es difícil imaginar un escenar-io que se suma a los miles. Si bien este es un ejemplo de un hogar muy grande, se deduce que también había muchos de tamaños más pequeños.

¿Que es una empresa Biblica?

5. Uno podría ser miembro de una casa o Hac-ienda y también tener el suyo propio.

Aquí está Jacob nuevamente hablando a Labán, su patrón y suegro:

> Porque poco tenías antes de mi venida, y ha crecido en gran número, y Jehová te ha bendecido con mi llegada; y ahora, ¿cuándo trabajaré también por mi propia casa?

Note, también, que la bendición del Señor sobre la casa de Labán consistió en riqueza material.

6. Los casas se referían, en parte, a la adquisición y gestión de la riqueza.

Las casas (Haciendas) tenían como primera prioridad la supervivencia de la familia. Sin embargo, a medida que la familia comenzó a prosperar, naturalmente comenzaron a gastar tiempo en adquirir y administrar la riqueza. Tenga en cuenta Génesis 30:30, el pasaje citado anteriormente, donde la bendición de la casa fue un aumento de su riqueza. La casa de Abraham se extendió a miles, una dramática concentración de riqueza.

Al igual que las empresas familiares de hoy, muchas crecieron más allá de la supervivencia y alcanzaron el éxito y la prosperidad. Eventualmente, evolucionaron para enfocarse en expandir y administrar la riqueza creada por el hogar. Dios eligió bendecir a los hogares, como él bendijo a Abraham e Israel, multiplicando sus riquezas.

7. Dios bendice a las casas al aumentar su riqueza.

Observe cómo la "casa" de Potifar fue bendecida por la presencia de José.

> *Por causa de José, el Señor bendijo la casa del egipcio Potifar a partir del momento en que puso a José a cargo de su casa y de todos sus bienes. La bendición del Señor se extendió sobre todo lo que tenía el egipcio, tanto en la casa como en el campo.(Gen. 39:5, italics added)*

8. A menudo se los llama personas que no formaban parte de la familia.

> *Esaú tomó sus mujeres, sus hijos y sus hijas, y todas las personas de su casa, y sus ganados, y todas sus bestias, y todo cuanto había adquirido en la tierra de Canaán, y se fue a otra tierra, separándose de Jacob su hermano. (Gen. 36:6)*

9. Uno podría tener un hogar sin tener familia.

Vea Genesis 14:14: Oyó Abram que su pariente estaba prisionero, y armó a sus criados, los nacidos en su casa, trescientos dieciocho, y los siguió hasta Dan. El pasaje arriba, habla de Abraham y sus 318 hombres entrenados. Abraham tenía una casa enorme y, sin embargo, en ese momento no tenía familia. Mientras estaba casado con Sarah, no tenía hijos en el momento mencionado en la historia. No fue hasta que él era un hombre mayor, con una familia de miles, que tuvo hijos y comenzó su familia.

¿Que es una empresa Biblica?

Por lo tanto, el concepto bíblico de "casa" es más amplio y más expansivo que el que comúnmente se entiende como un negocio familiar en la actualidad. Se organizó un negocio bíblico en torno al trabajo del jefe de familia. Si bien este "trabajo" a menudo consistía en comprar y vender o cultivar cosechas y ganado, no siempre tenía una aplicación "comercial" en el sentido de que hoy usamos la palabra. Esta obra podría ser criar ovejas y ganado, como Abraham; Trabajando en piedra y metales preciosos, como Bezalel; haciendo trabajos de carpintería, como Jesús; haciendo carpas, como Pablo; o administrar los asuntos de una entidad política, como Herodes y el Faraón.

Algunos negocios bíblicos no eran negocios por los términos de hoy. Podemos pensar en los gobernantes políticos, por ejemplo, como el Faraón, el Rey David y Herodes, todas casas, en los que el "negocio" dirigía el país o parte de él.

Vamos a crear una definición. Un negocio bíblico es una organización de personas que a menudo, pero no siempre, se centran en un conjunto de personas relacionadas por sangre que trabajan juntas para lograr una tarea específica dada por Dios dentro del mayor propósito de aplicar creatividad y organización a la creación. Un negocio bíblico comienza, desde la perspectiva de la humanidad, con la motivación para la seguridad y la ventaja financiera.

> Definición: Un negocio bíblico es una organización de personas que a menudo, pero no siempre, se centran en un conjunto de personas relacionadas por sangre que trabajan juntas para realizar una tarea específica dada por Dios dentro del propósito mayor de aplicar creatividad y organización a la creación. Un negocio bíblico comienza, desde la perspectiva de la humanidad, con la motivación para la seguridad y la ventaja financiera.

Entonces, en términos de hoy, un negocio bíblico podría ser lucrativo o no lucrativo; Podría ser una unidad de gobierno o una institución. Estas distinciones modernas complican el problema al agregar capas de distinción que no se conocen en los tiempos bíblicos. Para nuestros propósitos, cualquiera de estas entidades puede denominarse un "negocio bíblico". Si no fuera por la atracción de la aliteración; Yo usaría el término "empresa financiera" en lugar de negocios bíblicos. Es otra forma de pensar acerca de la entidad que estamos describiendo.

El negocio —o "casa" en términos bíblicos — fue el motor económico en la narrativa bíblica. Los miembros de la familia se ganaban la vida con el negocio de la familia. Los hogares, o negocios bíblicos, primero proporcionaban un medio de vida a sus miembros. Pero eran mucho más que eso. Como todos los negocios, la familia proporcionó un lugar para que las personas se relacionaran entre sí, para desarrollar su potencial individual y para servir a la comunidad en general. Debido a que el trabajo es tan importante para Dios, los hogares son la unidad celular de la organización de la sociedad humana de Dios.

La sociedad judía estaba organizada por Dios de esta manera: grupos de personas, reinos, tribus, CASAS.

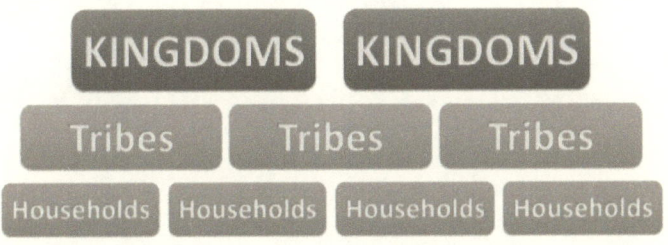

Para aprender lo que el Buen Libro tiene que enseñarnos sobre negocios, debemos estudiar las 'casas' bíblicos.

Recapitulando este capitulo:
1. ¿Con qué frecuencia ha escuchado hablar de la palabra bíblica "casa" como si significara "familia

2. Revise un par de los versos que indican que un hogar no era una familia sino un negocio.

3. Menciona algunas organizaciones de personas que en-cajarían en la definición de un negocio bíblico pero que no se consideran negocios hoy en día.

4. Si Dios creó el hombre para trabajar y es en el trabajo que interactúa con el hombre, ¿qué crees que los negocios bíblicos son la unidad celular de la economía de Dios?

Perfil de Una Empresa Bíblica: EC Group

A lo largo de este libro, encontrará historias reales de empresas de diversos tamaños y tipos que se esfuerzan por convertirse en empresas bíblicas. Estos perfiles proporcionan una aplicación real de los principios y conceptos descubiertos en el resto del manuscrito. Aquí está uno de esos perfiles.

La historia de Tom Sudyk es un ejemplo dramático de una de las muchas maneras en que Dios llama a los empresarios a la obra que quiere que hagan.

El grupo EC está compuesto por dos entidades comerciales: una operación con unos cinco empleados en los EE. UU. Y una subsidiaria de propiedad total en la India con aproximadamente ochenta empleados. La compañía proporciona desarrolladores de software en la India que trabajan directamente para sus clientes de EE. UU.

Después de varios años en la aplicación de la ley, Tom construyó y luego vendió una serie de negocios, incluida una serie de clínicas de terapia física. En 1999, un par de años después de vender el negocio, estaba buscando otro negocio para comenzar.

Mirando hacia atrás en esta etapa de su vida, Tom reflexiona que era un "cristiano cultural". Fue a la iglesia, enseñó en la escuela dominical y consideró que los negocios son una cosa y que la iglesia es otra cosa. El dinero fue el punto en el que los dos se cruzaron, y Tom, el empresario, cumplió con su deber cristiano al escribir un cheque.

En este momento, el Señor intervino de manera dramática. Tom estaba sentado solo en su estudio cuando escuchó una voz audible que le decía: "Vayan a la India con Don". Don era Don Chapman, director de Misión a la India, una organización misionera. Don era un conocido; Ambos hombres tenían hijos en el mismo equipo deportivo.

Una cosa llevó a la otra, y Tom se encontró en la India, visitando cinco ciudades en diez días. Impresionado con el alcance de la organización de la misión y las tremendas oportunidades en el país en desarrollo, Tom decidió iniciar un negocio en la India. Su motivación fue doble. Necesitaba tener un negocio por razones personales y financieras, y quería ayudar en el trabajo de la misión. "Fue más fácil ingresar dinero al país a través del canal de negocios que mediante donaciones". Decidió "crear una

¿Que es una empresa Biblica?

compañía abiertamente cristiana que bendiga a la gente de la India de manera culturalmente relevante".

Apareció un cliente que necesitaba servicios de transcripción médica, al igual que una mujer cristiana sólida que podía interferir en la India para crear el negocio. En un plazo de noventa días, se creó un negocio en India para realizar la transcripción médica de clientes en los EE. UU.

En ese momento, la idea de una "compañía abiertamente cristiana que bendecía a la gente" era una idea radical. Tom se encontró a sí mismo como el portavoz de un movimiento. Reconoció que la mayoría de las personas de su generación tenían el paradigma de que el mayor uso de un negocio era dar dinero a causas cristianas y que había una división entre lo sagrado (cosas de la iglesia) y lo secular (negocio). Si la noción de un negocio del Reino existía, se definía como aquella en la que el negocio era realmente una máscara para la obra evangélica que era su verdadero propósito. La idea de que una empresa podría ser abiertamente cristiana y rentable no estaba en la conversación.

Decidió invertir en la generación más joven y creó pasantías en "negocios como misión" con varias universidades. Eso llevó a una conferencia anual de directores ejecutivos, que organizó y presentó durante algunos años.

El negocio evolucionó. El negocio de la transcripción médica se estaba volviendo más complejo y surgió la necesidad de desarrolladores de software. Gradualmente, la compañía hizo la transición de uno a otro y desarrolló un modelo por el cual los desarrolladores de la India trabajan directamente para sus empleadores en los Estados Unidos bajo la bandera del Grupo EC.

El negocio se ha convertido en un negocio familiar en el marco de la familia bíblica. Uno de los pasantes de Tom se mantuvo en la empresa y pasó diez años ayudando a desarrollar el negocio y los conceptos que lo capacitan. Se ha movido pero aún tiene influencia en la compañía y se le considera como "casi un hijo adoptado".

La esposa de Tom, Lynda, se unió a la compañía para supervisar la contabilidad. Además, su hijo, Mike, está siendo preparado para asumir un papel principal. Todos los hijos y esposas de Sudyk han estado en la India, y Tom recientemente hizo los arreglos para que la esposa de Mike la visitara para que pudiera tener una comprensión clara del negocio familiar.

Al mismo tiempo, la compañía en India sigue definiendo lo que significa ser una "compañía abiertamente cristiana que bendice a las personas".

¿Que es una empresa Biblica?

"Queremos tratar a todos con compasión", dice Tom. En el momento de esta entrevista, acaba de recibir un correo electrónico informándole de la muerte en un accidente automovilístico de la esposa de uno de sus empleados indios. Había redactado un correo electrónico para el empleado, y tanto el director de operaciones como el director financiero de la operación en India planeaban visitar a la familia y pasar tiempo con ellos. Tom ya había notificado al cliente involucrado y le permitió al marido en duelo que se tomara varias semanas para lidiar con la tragedia.

"Es en momentos como estos cuando tu testimonio cristiano se vuelve más valioso".

La compañía tiene un tiempo de oración de diez minutos todos los días a las 4:00 p.m. y un estudio bíblico patrocinado por la compañía cada dos semanas, los cuales son opcionales para los empleados. Impacta a la comunidad con eventos caritativos en los que los empleados se involucran.

Por ejemplo, "Little Hearts" es una organización que atiende a personas con discapacidades físicas y mentales. EC envía equipos de personas para pasar tiempo con las personas que reciben servicios de esa organización. La compañía apoya una escuela para niños de barrios marginales y busca activamente oportunidades para difundir su compasión y testimonio de Cristo. Vea los videos en http://ecgroup-intl.com/about-us/our-heartbeat

Anticipando el futuro, Tom ve que su papel evoluciona para abarcar centrarse más en la mentoría de la próxima generación de líderes e inspirar a otros a abrazar la visión.

Capitulo 4

Abraham: "Una Empresa Biblica en Esteroides"

A medida que la población aumentó, el trabajo necesariamen-te se transformó en una versión más sofisticada, que hoy llamamos un "negocio". La Biblia se refiere a estas organi-zaciones emergentes como "casas". Los casas (hacien-das) se formaron como resultado de familias individuales que luchan por la seguridad económica. El jefe de la casa encontró trabajo que hacer, y naturalmente, toda la familia ayudó con eso. Como es el caso hoy y desde entonces, al-gunas personas eran mejores en sus negocios que otras, e inevitablemente atraían a sirvientes, esclavos y empleados para expandir el negocio familiar. En general, estas per-sonas, los sirvientes, esclavos y empleados (el equivalente de los empleados de hoy) vivían en el mismo complejo que el jefe de familia, y sus familias también se consideraban parte del negocio.

Uno de los primeros hombres de negocios con más éx-ito fue Abraham, quien, por casualidad, fue elegido por Dios para convertirse en el Padre del grupo especial de personas que reservó para dedicarse a él: los Hebreos.

Vemos lo grande que era el negocio de Abraham en este pasaje, que describe una historia en su vida. Abraham estaba cerca de su sobrino, Lot. Lot y su casa habían sido captura-dos por el enemigo, y Abraham (entonces conocido como Abram) los perseguirá:

Oyó Abram que su pariente estaba prisionero, y armó a sus criados, los nacidos en su casa, trescientos dieci-ocho, y los siguió hasta Dan. (Gen. 14:14)

Pensemos en eso. Si había 318 hombres entrenados que habían nacido en su "casa", ¿cuántos hombres sin entrena-miento deben haber en esa casa? ¿Cuántos niños que eran demasiado jóvenes, hombres que eran demasiado viejos, cuántas mujeres y niños? El tamaño del negocio de Abraham habría incorporado a miles de personas, una empresa ma-siva. Imagine la logística involucrada en el empleo, organi-zación y cuidado de miles de personas.

Habría habido capas de gestión y especialización. ¿Quién seleccionó y entrenó esa fuerza de combate de 318 hombres, por ejemplo? Probablemente a alguien se le asignó la tarea de identificar a los candidatos más proba-bles, adquirir las armas, desarrollar las rutinas de entrena-miento y mejorar las habilidades de ese grupo.

Abraham: "Una Empresa Bib-lica en Esteroides"

Entonces, podemos vislumbrar el primer negocio realmente grande en la Biblia: la casa de Abraham.

> Para aquellos que sostienen que las familias son solo otro nombre para las familias, note que Abraham construyó una gran casa y no tenía una familia más allá de su esposa, Sarah. Él era, en este punto de su vida, sin hijos.

La historia de Abraham se suma a nuestra comprensión de los negocios bíblicos a medida que descubrimos un principio comercial poderoso. Llamémoslo "preparación para contingencias". ¿Cómo surgieron esos 318 hombres entrenados? Abraham debe haber identificado la necesidad de una fuerza de combate para defender el negocio y su gente en caso de un ataque externo. Era increíblemente rico y dirigía un negocio con miles de personas que dependían del negocio para su sustento. Sus propiedades en cultivos, ganado, ovejas, viñedos, etc. deben haber sido extensas. A medida que su negocio creció, también lo hizo la probabilidad de una redada de un grupo externo, con la intención de tomar algo de lo que pertenecía a Abraham. Pensando en el futuro, Abraham habría decidido prepararse para esa eventualidad y entrenar y equipar a una fuerza de combate para defender el negocio y su gente.

Esto nos lleva a otro principio bíblico: la especialización, que vemos por primera vez en los asuntos de Abraham. Esos 318 hombres eran especialistas en algún aspecto del negocio, en este caso, soldados. Abraham, el primer hombre de negocios bíblico realmente grande, sabía que algunas personas eran mejores en algunas cosas que otras y las organizaron para especializarse en esas cosas, una estrategia decididamente moderna.

Hoy contamos con muchas herramientas que nos ayudan a evaluar las habilidades y aptitudes de una persona para ubicarlos en el trabajo correcto. Aunque Abraham no tenía las herramientas sofisticadas que empleamos hoy, él entendió el principio y creó esta fuerza especial de 318 guerreros.

En la historia bíblica más grande, Dios eligió a Abraham para ser el Padre de su Nación debido a su gran fe. La profundidad de esa fe se revela en una de las famosas historias de la Biblia. Aquí está la historia:

Abraham y su esposa, Sara, no tenían hijos. Sarah creció más allá de la edad fértil y había pasado la edad para tener hijos. Pero Dios, en cumplimiento de su promesa de hacer de Abraham el padre de una gran Nación, había intervenido milagrosamente; y Sara, en su vejez, quedó embarazada de Isaac. El niño nació y estaba destinado a heredar tanto el negocio de su padre como la promesa de Dios. Como hijo único de la pareja, la línea de sangre procedería necesariamente a través de Isaac, y la promesa que se hizo a su padre se extendió a él.

En una prueba de la fe de Abraham, Dios le ordena a Abraham sacrificar a Isaac, de la misma manera que sacrificaría a un animal. Abraham obedece. Lleva a Isaac al desierto, construye un altar, coloca a su único hijo en ese altar, saca su cuchillo y se prepara para matar a su hijo. Dios interviene y detiene a Abraham, e Isaac vive y pasa a ser otra persona fundamental en la narrativa bíblica. Abraham ha pasado la prueba y probado su fe y obediencia.

La lección más importante que debemos agregar a nuestra comprensión de los asuntos bíblicos tiene que ver con la interrelación de los asuntos de Abraham con el desarrollo de su fe. Claramente, tenía una enorme profundidad de fe que se expresó en su obediencia al mandato de Dios de sacrificar a Isaac. Pero, ¿cómo llegó a ese nivel de fe?

La fe, en la mayoría de las personas, crece con el tiempo. Generalmente comenzamos nuestra relación con Dios con un pequeño grado de fe (tan grande como una semilla de mostaza) y con el tiempo aumentamos nuestro nivel de fe. Es interesante notar que Dios no sometió a Abraham a esta prueba increíblemente difícil de su fe hasta que fue un hombre mayor y desarrolló una fe poderosa.

¿Cómo desarrolló Abraham, a lo largo de su vida, un nivel de fe tan legendario?

A menudo, las personas desarrollan la fe a medida que viven los éxitos y las calamidades de criar niños. Como padre, padre adoptivo, padre adoptivo y abuelo, puedo dar fe de eso. Pero Abraham no tuvo hijos hasta sus últimos años, cuando su fe estaba bien establecida.

Tampoco tuvo acceso a ninguno de los elementos de la religión moderna, que esperamos sea el mecanismo para inculcar y desarrollar la fe: ni iglesias, ni Escrituras, ni pastores, ni servicios religiosos. ¿Cómo, entonces, vino? a esta fe legendaria? ¿Podría ser que el lugar en el que se encontró con Dios y creció para depender y obedecerle era el mismo lugar en el que Dios se mostró a Adán? Dios estableció un precedente en los primeros capítulos de Génesis: sería en el trabajo que Dios interactuara con la humanidad. Entendiendo eso, ¿no sería razonable esperar que Abraham se encontrara con Dios en el contexto de su negocio? ¿Fue en la obra de Abraham, expresada en la versión más sofisticada de su negocio, que Abraham se encontró con Dios, creció para conocerlo y llegó a un nivel de fe y obediencia que es legendario?

Abraham: "Una Empresa Bib-lica en Esteroides"

> Dios puso el precedente en los primeros capítulos de Génesis: sería en el trabajo que Dios in-teractuara con la humanidad. En-tendiendo eso, ¿no sería razonable esperar que Abraham se encontrara con Dios en el contexto de su ne-gocio?

Sin hijos en su familia, dirigir una empresa de este tamaño habría ocupado la mayor parte del tiempo de Abraham. Y fue allí, en las relaciones con sus sirvientes y esclavos, en los innumerables miles de conflictos que tuvo que negociar, en las innumerables decisiones que habría tenido que tomar, y en las miles de conversaciones e interacciones, que Abraham se encontró con Dios y desarrolló su fe legendaria. Abraham probablemente hizo lo que las generaciones de personas de negocios piadosos han hecho desde entonces, y lo siguen haciendo hoy, cuando se enfrentan a un problema, él habría acudido a Dios en busca de dirección. No es difícil imaginarlo en un escenario como este, orando a Dios: "Dios, las ovejas en el pasto del norte están enfermas. ¿Qué debo hacer?" O: "Señor, uno de mis pastores ha sido perezoso y no ha tomado cuidar bien de sus ovejas. ¿Debo despedirlo?" En el flujo y reflujo de los problemas y oportunidades que definen cada negocio, Abraham fue a Dios. Y, al hacerlo, llegó a conocer a Dios bien y desarrollar su fe histórica. Dios apareció en el negocio de Abraham, solo Como lo hizo con Adán.

Repasando y pensando de este capitulo...

1. ¿Qué tan grande crees que debió haber sido los negocios de Abraham?

2. Ya que Dios estableció el precedente de que le daría tareas a la humanidad y luego trabajaría con ellas para completar esas tareas, ¿es razonable entender que Dios trabajó con Abraham para construir el tamaño de su negocio?

3. ¿Cómo creció Abraham su fe? ¿Cuál fue el lugar para la prueba y el desarrollo de la fe?

4. ¿Qué importancia tiene el hecho de que Abraham hizo un gran negocio y una fe legendaria antes de tener una familia?

Capitulo 5

Recompensas and Castigos

Siguiendo la vida de Abraham, la narrativa bíblica continúa; y seguimos a los Hebreos, en este momento definido por Jacob (nieto de Abraham) y su familia, que viajan a Egipto para sobrevivir a una grave hambruna. La tribu Hebrea creció y eso comenzó a preocupar al Faraón, que no quería que se convirtiera en una amenaza para su gobierno. En-tonces, llama a dos parteras Hebreas y les dice que maten a todos los bebés varones Hebreos.

> *Y habló el rey de Egipto a las parteras de las hebreas, una de las cuales se llamaba Sifra, y otra Fúa, y les dijo:*
>
> *16 Cuando asistáis a las hebreas en sus partos, y veáis el sexo, si es hijo, matadlo; y si es hija, entonces viva.*
>
> *(Exod. 1:15–16)*

Las dos parteras, sin embargo, decidieron no cumplir. El Faraón los llama, y ellos inventan una excusa:

> *Pero las parteras temieron a Dios, y no hicieron como les mandó el rey de Egipto, sino que preservaron la vida a los niños.*
>
> *18 Y el rey de Egipto hizo llamar a las parteras y les di-jo: ¿Por qué habéis hecho esto, que habéis preservado la vida a los niños?*

> *19 Y las parteras respondieron a Faraón: Porque las mujeres hebreas no son como las egipcias; pues son ro-bustas, y dan a luz antes que la partera venga a ellas.*

(Exod. 1:17–19)

Dios luego los recompensa por su obediencia a él al hacer que sus prácticas individuales se conviertan en negocios:

> *Y por haber las parteras temido a Dios, él prosperó sus familias…*
> *(casas en Hebreo) (Exod 1:21)*

No es difícil imaginar la secuencia de eventos. Las dos matronas eran únicas practicantes. Sin embargo, Dios decidió bendecirlos convirtiendo sus prácticas individuales en nego-cios más grandes. En un sentido práctico, puedes verlos tan ocupados que tuvieron que emplear a otros. Como lo hici-eron, su hogar (negocio) creció y prosperó.

Esta historia ilustra un principio fundamental de los nego-cios bíblicos. Cuando el jefe de la familia es obediente y hace un buen trabajo, Dios a menudo elige bendecir a la fa-milia con un trabajo más grande e impactante, así como un aumento de la riqueza mundana.

> Cuando el jefe de la familia es obedi-ente y hace un buen trabajo, Dios a menudo elige bendecir a la familia con un trabajo más grande y más impactante, así como un aumento de la riqueza mun-dana.

Recompensas and Castigos

Lo vemos de nuevo en la historia de José. En la historia bíblica, Dios usó a José para llevar a los hebreos a Egipto para sobrellevar la hambruna. José fue vendido como escla-vo por sus hermanos, que estaban celosos de él. Él emerge en la casa de Potifar. Potifar era un funcionario importante en el gobierno de Faraón. Es entonces cuando volvemos a ver este principio.

> *Y aconteció que desde cuando le dio el encargo de su casa y de todo lo que tenía, Jehová bendijo la casa del egipcio a causa de José, y la bendición de Jehová estaba sobre todo lo que tenía, así en casa como en el campo. (Gen. 39:5)*

Al reconocer la ética de trabajo, la integridad y la habilidad ejecutiva de Joseph, finalmente lo puso a cargo de todo. En el lenguaje de hoy, lo convirtió en el CEO de su negocio. Tenga en cuenta que las bendiciones vinieron de Dios, so-bre todas las personas y cosas que Potifar poseía, debido a la presencia y posición de uno de los pueblos de Dios: José. Tenga en cuenta también que José fue recompensado por su obediencia a Dios con un aumento en su riqueza mun-dana y un trabajo mucho más grande y más sustancial.

Este es un principio que Dios articuló muy específicamen-te:

> *Sino acuérdate de Jehová tu Dios, porque él te da el poder para hacer las riquezas, a fin de confirmar su pac-to que juró a tus padres, como en este día (Deut. 8:18)*

El trabajo y, por extensión, las organizaciones que reali-zan ese trabajo, son tan importantes para Dios que eligió bendecir a toda la familia de los impíos Potifar debido a las acciones de uno de los miembros de la familia. Si la función básica de un hogar es hacer un trabajo y adquirir riqueza, entonces note una vez más que la bendición de Dios sobre el hogar consistió en aumentar su riqueza mun-dana.

Probablemente, en ninguna parte se enseñe más clara-mente que en la parábola de las bolsas de oro (Mateo 10: 14-30). Lo discutiremos en detalle en un capítulo posterior. Por ahora, sin embargo, es importante tener en cuenta que en la parábola, el propietario del negocio se fue y delegó una parte de su riqueza a tres empleados. Aquellos que aumen-taron su riqueza fueron considerados con mayores re-sponsabilidades y una relación más estrecha con el propie-tario, mientras que el que no aumentó la riqueza del maestro fue castigado.

Vemos este principio repetido una y otra vez en la Biblia. Abraham fue recompensado por su fe creciente con una abundancia de riqueza mundana y un papel más importante en el reino. Las dos parteras Hebreas fueron recompensa-das por su obediencia y buen trabajo con un negocio más grande y más riqueza mundana. Bezalel fue recompensado por su buen trabajo con la responsabilidad de hacer un traba-jo aún más importante: decorar el templo. José fue recom-pensado por su obediencia con una mayor responsabilidad y riqueza mundana, ya que se convirtió en la segunda persona más importante en el reino de Faraón. Además, la parábola que Jesús enseñó en las bolsas de oro enseña claramente el mismo principio.

Probablemente podría citar muchos otros ejemplos de las páginas de la Biblia, pero creo que hemos descubierto el principio. Dios es el mismo ayer, hoy y mañana. Cuando des-cubrimos un principio sobre cómo trata a los seres humanos, podemos contar con que él continuará evidenciando ese principio en nuestro trato con él.

Consecuencias en todo el negocio.

La historia de la bendición de José y Dios en la casa de Poti-far marcó otra característica de los negocios bíblicos:

> Dios bendice o maldice a toda la famil-ia, a toda la familia, a los esclavos, a los sirvientes y a los empleados, basándose en las acciones de la cabeza.

Este es otro elemento central de un negocio familiar bíbli-co. Mirémoslo más profundamente.

Una vez más, Abraham nos da un modelo. Sus andanzas lo llevaron a Egipto, donde trató de protegerse mintiendo sobre Sarah, su esposa. Sarah era muy hermosa, y Abraham temía que alguien lo matara para tomar a Sarah como suya. Así que les dijo a todos que ella era su hermana.

> *Y aconteció que cuando estaba para entrar en Egipto, dijo a Sarai su mujer: He aquí, ahora conozco que eres mujer de hermoso aspecto;*
>
> *12 y cuando te vean los egipcios, dirán: Su mujer es; y me matarán a mí, y a ti te reservarán la vida.*
>
> *13 Ahora, pues, di que eres mi hermana, para que me vaya bien por causa tuya, y viva mi alma por causa de ti.*
>
> *14 Y aconteció que cuando entró Abram en Egipto, los egipcios vieron que la mujer era hermosa en gran manera.*
>
> *15 También la vieron los príncipes de Faraón, y la alabaron delante de él; y fue llevada la mujer a casa de Faraón.*
>
> *16 E hizo bien a Abram por causa de ella; y él tuvo ovejas, vacas, asnos, siervos, criadas, asnas y camellos. (Gen. 12:11–16)*

Si bien hay mucho de qué hablar en este pasaje, el único punto que quiero destacar está contenido en el siguiente capítulo:

> *Mas Jehová hirió a Faraón y a su casa con grandes plagas, por causa de Sarai mujer de Abram. (Gen. 12:17)*

Entonces, este es el punto: Dios castigó a toda la casa de Faraón, a toda la familia, a los sirvientes, a los esclavos y a los empleados, por las acciones de Faraón. Incluso si fue engañado y, sin saberlo, tomó a la esposa de otro hombre como suya, Dios no lo dejaría sin castigo y decidió castigar a toda la familia. Una de las características del Dios de la Biblia es esta: Él es consistente. Si podemos descubrir un patrón en cómo interactúa con la humanidad, podemos esperar que ese patrón se repita. Y así sucede con esta cuestión de bendecir o maldecir a todo el negocio por las acciones de su je-fe.

Dado que las empresas son los lugares donde Dios inter-actúa con la humanidad, se mantienen a un nivel más alto.

> *Y estuvo el arca de Jehová en casa de Obed-edom geteo tres meses; y bendijo Jehová a Obed-edom y a toda su casa. (2 Sam. 6:11)*

Ese estándar más alto funciona en contra de ellos cuando uno de sus miembros peca, pero funciona para ellos cuando uno de sus miembros encuentra un favor especial a los ojos de Dios. No es la familia la que es bendecida; Es toda la casa.

Podemos echar un vistazo a este principio que funciona hoy en muchas de nuestras empresas. Las acciones del CEO o propietario a menudo tendrán una consecuencia positiva o negativa en toda la em-presa. Si el propietario toma buenas decisiones e invierte sabiamente, el negocio y todos los empleados que se ganan la vida en ese negocio prosperarán. Por otro lado, las acciones del propietario pueden ser la razón de la desaparición del negocio y la pérdida de empleo para los empleados.

Es fácil para nosotros ver la relación entre las decisiones comerciales del propietario y las implicaciones para los empleados. Y hay algo de eso en la narrativa bíblica. Por ejemplo, la familia del día del Faraón de José fue bendecida por la decisión comercial de ese Faraón de emplear a José y de darle grandes responsabilidades dentro de su negocio.

La historia bíblica, sin embargo, también dibuja la relación causa-efecto desde una perspectiva moral y no empresarial. Por ejemplo, la familia del día del Faraón de Abraham fue castigada por las acciones morales de parte del Faraón. No había nada de negocios sobre la decisión de llevar a Sarah a su casa.

Vemos a Dios operando en este principio con respecto a otros grupos de personas, más allá de un negocio. Por ejemplo, en el libro de Joshua, leemos la historia de Acan, un hebreo que desobedeció a Dios al tomar algunas de las pos-esiones de las personas que derrotó. Su casa entera fue destruida a causa de su pecado.

> *Entonces Josué, y todo Israel con él, tomaron a Acán hijo de Zera, el dinero, el manto, el lingote de oro, sus hijos, sus hijas, sus bueyes, sus asnos, sus ovejas, su tien-da y todo cuanto tenía, y lo llevaron todo al valle de Acor.*
>
> *25 Y le dijo Josué: ¿Por qué nos has turbado? Túrbete Jehová en este día. Y todos los israelitas los apedrearon, y los quemaron después de apedrearlos. (Josh. 7:24–26)*

Recompensas and Castigos

Vemos el principio en juego con los varios reyes hebreos. Cuando el rey obedecía a Jehová, el pueblo era bendecido. Y cuando los reyes no estaban, la gente pagaba el precio. Aquí es sólo uno de esos incidentes:

y rompí el reino de la casa de David y te lo entregué a ti; y tú no has sido como David mi siervo, que guardó mis mandamientos y anduvo en pos de mí con todo su corazón, haciendo solamente lo recto delante de mis ojos,

9 sino que hiciste lo malo sobre todos los que han sido antes de ti, pues fuiste y te hiciste dioses ajenos e imágenes de fundición para enojarme, y a mí me echaste tras tus espaldas;

10 por tanto, he aquí que yo traigo mal sobre la casa de Jeroboam, y destruiré de Jeroboam todo varón, así el siervo como el libre en Israel; y barreré la posteridad de la casa de Jeroboam como se barre el estiércol, hasta que sea acabada.

11 El que muera de los de Jeroboam en la ciudad, lo comerán los perros, y el que muera en el campo, lo comerán las aves del cielo; porque Jehová lo ha dicho. (1 Kings 14:8–11)

Si tuviéramos que extender este principio bíblico a los negocios bíblicos modernos, veríamos claramente una gran responsabilidad para el propietario y el CEO no solo para tomar decisiones comerciales sensatas sino también para vivir una vida moral. Él o ella está sujeto a un estándar más alto.

Reflexionando los puntos principales de este capitulo...

1. ¿En qué otro ejemplo bíblico puedes nombrar a Dios bendiciendo o castigando todo el asunto como resultado de las acciones de la cabeza?

2. ¿Qué ejemplos contemporáneos puedes citar del mismo principio?

3. ¿Hasta qué punto los jefes de organizaciones tienen hoy un estándar más alto? ¿Puedes citar algunos ejemplos?

Biblical Business Profile: Howell Plumbing Supply

Duncan Stacey es dueño de Howell Plumbing Supply, una compañía canadiense, y está comprometido a administrarlo sobre una base bíblica. Llegó a esta posición de una manera poco común a medida que se desarrollaban una serie de eventos en múltiples áreas de su vida.

La compañía tuvo su inicio en la década de 1950 cuando comenzó a hacer paneles de esmalte. Eso llevó a los la-vamanos y bañeras de esmalte para la industria de casas móviles, lo que finalmente llevó a la venta de inodoros, lava-bos, bañeras y toda la tubería auxiliar. Y eso llevó a una compañía separada que eventualmente se convirtió en How-ell Plumbing Supply.

Como un niño de escuela primaria, Duncan comenzó a cuidar niños para la familia del dueño. Eso llevó a un empleo de medio tiempo en la empresa y eso lo llevó a su primer tra-bajo de tiempo completo después de graduarse de la escuela secundaria. A través de una cadena de eventos inusual, a la edad de veinte años, Duncan se convirtió en el dueño de esta pequeña empresa. Su nueva esposa, Ann, dejó su tra-bajo como enfermera y vino a trabajar para la pequeña em-presa, que operaba desde un gran garaje.

Al principio, el negocio creció, pero se estabilizó cuando Duncan alcanzó su capacidad. Sabiendo que estaba en el límite de su tiempo y sus recursos, decidió que necesitaba ayuda para seguir haciendo crecer el negocio. Trajo a tres socios de capital, todos los cuales habían trabajado en el ne-gocio y ayudaron a fomentar su crecimiento. Tres de los so-cios habían trabajado juntos durante más de treinta y cinco años.

Al principio de este tiempo, Duncan se llamaba a sí mismo un "cristiano nominal". Se consideraba a sí mismo como un cristiano, pero no tenía relación con Dios y tenía poco conocimiento de lo que realmente significaba ser cristiano. En otra serie de una cosa que lleva a la otra, él y su esposa participaron en un estudio bíblico semanal durante tres años antes de llegar al punto en que estaba listo para entregar su vida a Cristo.

Según Duncan, "la vida mejoró" después de su con-versión. Se convirtió en un mejor padre, trató a su esposa mejor y se convirtió en un mejor jefe.

En un momento de este proceso, Duncan y Ann decidi-eron tomarse un año de descanso y buscar a Dios. Organi-zaron un año sabático y se llevaron a los niños a viajar por el mundo durante un año. Él cuenta la historia de cómo Dios le habló a él a través de su hijo de ocho años. Al sentarse a cenar en una casa rodante en las afueras de

París, Jeff, su hijo, anunció que necesitaban orar por Tim, el hijo adulto de un amigo de la familia. Lo hicieron.

La noche siguiente, Jeff hizo el mismo pedido y la familia cumplió. Unos meses más tarde, cuando se estaban regis-trando con su familia en casa el día de Año Nuevo, se enter-aron de que Tim había tenido un grave accidente automovil-ístico el día en que Jeff les pidió que oraran por él. Y al día siguiente, Tim se enfrentaba a la amputación de su pie; y Jeff, un niño de ocho años a miles de kilómetros de dis-tancia, le pidió a la familia que orara por él.

Durante años, Duncan pensó que el incidente tenía que ver con Jeff. Recientemente, tuvo uno de esos momentos aha cuando se dio cuenta de que era Dios quien usaba la desgracia de Tim y un niño de ocho años para comunicarle a Duncan que la oración contaba y que a Dios le importaba. Esa comprensión fue enorme en la vida de Duncan, y causó un cambio serio en él.

Duncan regresó al negocio en 1988 como un cristiano to-talmente comprometido. El negocio creció de menos de $ 100,000 a más de $ 14 millones en ventas anuales. El cris-tianismo de Duncan fue un poco incómodo para los demás socios, pero nunca se convirtió en un gran problema. Sin embargo, en los últimos años, el negocio dejó de crecer. En 2014, los socios evaluaron sus opciones y optaron por vender y retirarse.

Al principio, Duncan estaba listo para unirse a ellos para vender el negocio y seguir adelante. Pero un comentario de un miembro del grupo de mesas redondas cristianas del que Duncan es parte lo desafió a pensar en comprar a sus socios y convertir el negocio en un negocio basado en la Biblia. Ann se opuso inicialmente. Sin embargo, después de la oración y la conversación, llegó a la posición en la que lo apoyó incon-dicionalmente. Recientemente, a la edad de sesenta y dos años, hipotecaron su casa, pidieron dinero prestado al banco y compraron a los socios. Después de que se consumó el trato, Duncan sostuvo una reunión de personal y compartió que pensó que era lo que Dios quería que hicieran. Si no lo hubiera hecho, habría habido muchos puestos de trabajo perdidos. "Todo el mundo sabe que soy cristiano", dice Dun-can. "Y a mis empleados se les alienta a que me hagan re-sponsable de ser cristiano".

A medida que Duncan trabaja para inculcar principios y prácticas bíblicas en su negocio, ha desarrollado una declar-ación de misión personal tentativa: "mejorar el mundo y nues-tras vidas cada día a pesar de nuestras fallas y debilidades". Su declaración de valores dice que la empresa se esfuerza: "Tratar a todos de una manera cristiana".

Las cosas están cambiando en Howell Pipe. En el último mes, Duncan dice que tuvo la oportunidad de orar con cuatro empleados diferentes, personas que eran del mismo tipo de cristianos nominales que Duncan se consideraba como él mismo.

Sobre la perspectiva de endeudarse a los sesenta y dos años, Duncan dice: "Va a ser una lucha constante. Es fácil decir ser audaz cuando estás a salvo. Si no hay nada que temer, no hay lugar para la fe. Es un viaje ".

Capitulo 6

Relationships con otros en un contexto Bíblico

Una de las características más significativas de los negocios bíblicos es la naturaleza de la relación entre el jefe del nego-cio y las personas que trabajan para él o ella. Hubo una rela-ción intensa entre el jefe de la empresa y aquellos en su empleo más allá de casi cualquier cosa que vemos hoy.

En el último capítulo, vimos que todo el negocio fue bendecido o castigado en base a las acciones de su jefe. Del mismo modo, los jefes de familia tenían una responsabilidad con las personas en su empleo que supera con creces todo lo que vemos hoy a nuestro alrededor. Mira este verso, por ejemplo:

Mas si algún extranjero morare contigo, y quisiere cele-brar la pascua para Jehová, séale circuncidado todo varón, y entonces la celebrará, y será como uno de vuestra nación; pero ningún incircunciso comerá de ella. (Exod. 12:48)

Lo sé; suena tan extraño Sin embargo, colóquelo dentro de la narrativa bíblica. El pueblo hebreo había sido sacado de Egipto, y Dios los estaba configurando para que fueran su pueblo elegido. Ningún otro grupo de personas en el mundo tenía la relación con él que tenían. Ningún otro grupo de personas lo tuvo liderando día y noche. Ningún otro grupo de personas tenía el conjunto de mandamientos y reglamen-tos, directamente de Dios, que tenían. Dios los estaba sep-arando de todas las otras personas en el mundo para ser su pueblo elegido, las personas que serían una señal para to-dos los demás de la existencia del Dios vivo y de las per-sonas a través de las cuales el Mesías vendría.

Además, ahora él exige algo de ellos: un acto de obedien-cia que los diferencie del resto del mundo; Una que es per-sonal, dolorosa y permanente; Un acto que requiere fe y compromiso por parte de las personas. ¿Qué fue ese acto? Circuncisión.

A medida que desarrolla este mandato, lo extiende a los no hebreos que viven entre ellos. Tenga en cuenta el papel de los jefes de familia en el mismo:

> *En cuanto a los extranjeros, (si son de su casa)si viven con ustedes y desean celebrar la Pascua, deberán cir-cuncidarse y circuncidar a todos los varones que pertenezcan a su familia. De esa manera serán consider-ados como parte del pueblo, y por lo tanto, podrán par-ticipar de la Pascua. (Exodus 12:48)*

Es difícil imaginar al dueño de un negocio hoy en día dic-iéndole a todos sus empleados que iban a ser circuncidados. Eso, por supuesto, ilustra la profundidad de la relación entre los jefes de familia bíblicos y sus empleados.

Con tanta autoridad, es natural esperar que los jefes de la empresa puedan hablar por todas las personas involucradas. El siguiente pasaje del Antiguo Testamento, citado a menudo, ocurre después de que Moisés murió y Josué guió a los hebreos a la conquista de la tierra prometida. Las per-sonas que habitaron la tierra antes que ellos fueron expulsa-das y derrotadas, y la tierra fue dividida entre las doce tribus. Joshua envejece y reúne a los líderes de las tribus en una última conferencia. En él, reflexiona sobre cómo Dios los había guiado al punto en que están ahora. Emite su último reto a la gente:

> Pero si les parece mal servir al Señor, escojan hoy a quién van a servir, si a los dioses que sus antepasados adoraban más allá del Éufrates o a los dioses de los amorreos de esta tierra. Pero yo y los de mi casa servi-remos al Señor. (Josue. 24:15)

Está el jefe de familia hablando por toda su familia, esclavos y empleados.

Para ilustrar el grado en que los jefes de las empresas familiares bíblicas tuvieron influencia sobre los miembros de la familia, necesitamos visitar algunos pasajes del Nuevo Tes-tamento: la historia de Jesús y la expansión del cristianismo. Aquí está la historia.

Cristo ha vivido, muerto, resucitado y ha ascendido al cielo. Ahora los apóstoles se quedan con el encargo de "ir a todo el mundo, haciendo discípulos ..." (Mateo 28:19).

Pablo y Lucas viajaron a Filipos y se sentaron a hablar con un grupo de mujeres, una de las cuales era una próspera comerciante llamada Lydia. Lydia respondió al men-saje de Paul. Mira lo que pasa después:

Y cuando fue bautizada, y su casa, nos rogó diciendo: Si habéis juzgado que yo sea fiel al Señor, entrad en mi casa, y posad. Y nos obligó a quedarnos. (Hechos 16:15)

Lydia, propietaria y propietaria de un negocio que vende telas de color púrpura, cree y se convierte al cristianismo, y toda su familia la sigue. Una vez más, vemos este fenómeno: todo el grupo de familiares, sirvientes, esclavos y empleados siguieron las acciones de la cabeza. Si Dios mantiene a los negocios como el lugar principal para que las personas inter-actúen con él, no es de extrañar que toda la empresa lo haya encontrado y creído juntos. Este fenómeno ocurre tan a menudo que casi se convierte en un procedimiento operativo estándar.

Aquí hay otra ocurrencia. Pablo y Silo están acusados de defender las costumbres ilegales y son golpeados y en-carcelados. En medio de la noche, hubo un terremoto mil-agroso, que abrió las puertas de la prisión y liberó a los pri-sioneros. El carcelero, que había estado durmiendo, se despertó y vio las puertas de la prisión abiertas. Se asustó

Relationships con otros en un contexto Bíblico

y se preparó para suicidarse, sabiendo que sus superiores lo harían responsable por los prisioneros.

Pablo intervino. El carcelero inmediatamente creyó. Lee lo que pasa después:

> *A esas horas de la noche, el carcelero se los llevó y les lavó las heridas; en seguida fueron bautizados él y toda su casa. El carcelero los llevó a su casa, les sirvió comida y se alegró mucho junto con toda su casa por haber creído en Dios.t. (Hechos 16:33–34,)*

Esto describe la conversión del carcelero que presenció la liberación milagrosa de Paul de la prisión. Toda la familia —familia, esclavos, sirvientes y empleados— eligió creer con él al mismo tiempo.

Hay muchas cosas de las que hablar en este pasaje, pero lo único que quiero enfatizar es el grado en que las opiniones y las acciones del jefe de familia, el carcelero, tuvieron que ver con los miembros de su familia.

Aquí hay un ejemplo más. Esta vez, encontramos a Pablo en Corinto, y él se acerca al líder de la sinagoga con el evan-gelio. Esto es lo que sucede a continuación:

> *Crispo, el jefe de la sinagoga, creyó en el Señor con toda su* **casa**. *También creyeron y fueron bautizados muchos de los corintios que oyeron a Pablo.s. (Hechos 18:8)*

Este es otro ejemplo en la cadena de ejemplos de los jefes de familia que lideran el camino para creer en Cristo y en toda la familia siguiendo su ejemplo.

La narrativa bíblica contiene historias como estas en las que el jefe de familia, el equivalente al dueño de un negocio de hoy, toma una decisión y toda la familia, toda la familia, esclavos, sirvientes, empleados, lo sigue en esa decisión. Ya sea para circuncidarse, seguir a Jehová o comprometerse con Cristo, todo el asunto sigue la iniciativa del propietario.

Eso habla de la profundidad de la relación entre el propie-tario y los empleados, así como la cultura que existía en es-tos negocios. Si bien algo de esto puede explicarse por las grandes costumbres culturales de la sociedad, que es lo que se esperaba que hiciera cada empleado de la casa, aún así, revela una característica única para los negocios de la época.

Es difícil ver esa relación sin preguntarse cómo los propi-etarios lograron desarrollar ese tipo de seguimiento. ¿Qué hicieron para crear el tipo de lealtad y respeto que vemos demostrado en los pasajes mencionados anteriormente? ¿Cómo pudieron desarrollar una cultura dentro del negocio que impulsaría a los empleados a seguir las decisiones del propietario hasta tal punto que serían circuncidados o se-guirían a Cristo? Más importante aún, si decidimos modelar algunas de nuestras prácticas comerciales de acuerdo con el modelo bíblico, ¿cómo crearíamos una cultura dentro de nuestras empresas que engendraría un nivel de respeto y compromiso que comenzaría a acercarse al ejemplo bíblico?

No es difícil imaginar que un propietario de un negocio esté íntimamente conectado con la vida de sus empleados. Asistir a graduaciones, bodas y funerales sería parte de la rutina. Los almuerzos y cenas juntos, picnics de negocios y salidas familiares también estarían en la agenda. Pero proba-blemente lo más importante es que el propietario se tome el tiempo para conocer a cada empleado profundamente, en-tender sus aspiraciones y problemas, y estar al tanto de sus altibajos...

El Proposito de FAMILIA en la empresa

No todos los negocios bíblicos emplearon a los hijos de la familia. Por ejemplo, Abraham construyó un gran negocio antes de tener hijos. Moisés, en el tercio medio de su vida, pasó cuarenta años en un negocio de cría de ovejas y solo tuvo un hijo, que apenas se menciona en las Escrituras. No se menciona a ningún niño o familia en la historia de las dos matronas hebreas que recibieron negocios. Jacob trabajó en el negocio de Labán como empleado. Sus hijos no eran parte de ese negocio. Estas fueron probablemente las excep-ciones, sin embargo, no la regla.

Como es de esperar, hay algunos pasajes que men-cionan a los adolescentes que trabajan en la empresa famil-iar. El joven que más tarde se convertiría en el rey David se representa por primera vez en los campos cuidando el inven-tario en el negocio de cría de ovejas de su padre. (1 Sam. 16: 8–13). Cuando José fue vendido a los traficantes de esclavos que lo llevaron a Egipto, él y sus hermanos estaban haciendo lo mismo.

Más allá de eso, uno tiene la sensación de que hay una actitud diferente hacia los niños en la Biblia. Se consideraba que los niños tenían una responsabilidad hacia un propósito más amplio: la prosperidad de toda la familia. En otras palabras, se esperaba que contribuyeran desde muy tempra-na edad al bienestar del hogar.

Los cónyuges, al menos en algunos casos, también eran parte del negocio. Observe que en este famoso Proverbio, la esposa está siendo elogiada, al menos en parte, por sus ac-ciones en nombre del negocio. He incluido algunas de las partes pertinentes de este pasaje a continuación:

> La vida era más sobre el negocio que sobre las aspiraciones y gratifica-ciones individuales de los niños.

Mujer ejemplar, ¿dónde se hallará?

¡Es más valiosa que las piedras preciosas! Calcula el valor de un campo y lo compra;

con sus ganancias[g] planta un viñedo. Se complace en la prosperidad de sus negocios, y no se apaga su lámpara en la noche. Con una mano sostiene el huso

y con la otra tuerce el hilo. Tiende la mano al pobre,

y con ella sostiene al necesitado. Confecciona ropa de lino y la vende;

provee cinturones a los comerciantes. Está atenta a la marcha de su hogar,

y el pan que come no es fruto del ocio.

(Prov. 31:10, 16, 18–20, 24, 27)

Recalculando este capitulo...

1. Si decidimos modelar algunas de nuestras prácticas comercial-es siguiendo el modelo bíblico, entonces, ¿cómo crearíamos una cultura dentro de nuestros negocios que generaría un nivel de respeto y compromiso que comenzaría a acercarse al ejemplo bíblico?

2. Claramente, la narrativa bíblica indica una relación muy fuerte entre los empleados de la empresa y el jefe de la empresa. ¿Cuáles serían algunos ejemplos modernos de ese mismo principio aplicado?

3. ¿Cómo trata la Biblia a los niños y las empresas?

4. ¿Qué piensa del hecho de que varias empresas en el Nuevo Testamento se convirtieron todas al mismo tiempo?

Capitulo 7

Empresas Bíblicas llevan importancia espiritual

Las empresas familiares no solo son la unidad celular de la economía y la sociedad en la Biblia, sino que también son tan importantes para el Dios de la Biblia que adquieren un significado espiritual.

Primero, exploremos el concepto de significado espiritual.

Millones de personas sienten un vacío y lo reconocen como una falta de crecimiento espiritual de su parte. Entonc-es, buscan algo espiritual para llenar ese vacío. Desafor-tunadamente, muchos están buscando en el lugar equivoca-do, sus energías se difunden por una comprensión errónea de la espiritualidad.

Recientemente fui contactado por los editores de un sitio web dedicado a explorar temas espirituales para empre-sarios.

"¿Me gustaría contribuir con algún contenido?" Querían saber. Antes de responder, vi el sitio. El primer artículo discutió los sentimientos espirituales que el autor experi-mentó durante un paseo por el bosque. Otro discutió la con-exión espiritual que sintió con otros humanos como resultado de un ejercicio en un seminario. Todos los demás artículos repitieron los mismos temas. La espiritualidad, según estos escritores, fue una experiencia de soledad, emoción o un sentido de la similitud de uno con otros seres humanos, o incluso un sentido de ser parte de la naturaleza.

Rechacé la invitación. No estoy muy seguro de qué se trata-ba el sitio, pero sé que no era espiritualidad.

El sitio fue otro ejemplo de la tendencia a mudo hacia la espiritualidad. Algo así como la tendencia de la corrección política. Cuanto más general y vago sea un concepto, más personas podrás incluir en él y menos significado y poder tendrá. Todos se suscriben al concepto de libertad, por ejemplo. Pero ves una caída considerable cuando lo vinculas con la responsabilidad personal.

La espiritualidad en estos tiempos ha llegado a significar, en el uso común, casi cualquier cosa que el hablante quiera que signifique. ¿Tienes una sensación cálida como resultado de una risa que compartiste con alguien? Debe ser espiritual. ¿Te sientes un poco introspectivo mientras estás en un velero? Debe ser una experiencia espiritual. ¿Sentir un poco de conexión con otro ser humano? Deben ser verdadera-mente almas espirituales espirituales.

Todos estos son momentos válidos y valiosos. Sin embargo, si bien todas estas experiencias y otras de naturaleza similar pueden ser cálidas, agradables e incluso intuitivas, no son espirituales. Llamarles espirituales es restar valor a lo que realmente es espiritual y distraer a las personas de la búsqueda del artículo genuino. Proporcione a las personas un sustituto barato y, a menudo, las eliminará de la búsqueda del mejor original. La heladería no venderá mucho Häagen-Dazs, por ejemplo, si regalan "*Dairy Queen*".

Entonces, si este tipo de experiencias no son espirituales, ¿qué es? Empecemos por la fuente. Hay un gran cantidad de conocimiento acerca de las cosas espirituales disponibles para nosotros. Está contenida en la Biblia. La infor-mación concerniente a cosas espirituales en la Biblia es bas-tante clara, consistente y bastante simple. Dios es Espíritu. Cualquier cosa que tenga que ver con Dios es espiritual.

Dios, por sus propias razones, se ha desprendido y se ha extendido por partes de la espiritualidad que se originó con él. Hay, por ejemplo, seres totalmente espirituales. La Biblia se refiere a ellos como ángeles y demonios. Además, Dios ha imbuido parte de su espiritualidad en los seres hu-manos. Hay una parte espiritual de cada ser humano. Es esa parte de nosotros que vive después de que nuestro cuerpo físico muere. Se caracteriza parcialmente por su hambre de comunicación con su Creador.

Todos podemos relacionarnos con eso. Probablemente hay pocos seres humanos que no hayan tenido, en momen-tos de soledad y reflexión, un sentido del infinito, el hambre de ponerse en contacto con Dios. Ese es nuestro espíritu hambriento de comunicar con su Creador. Es un evento pre-decible, que ocurre naturalmente. Todos somos parte espir-itual. Esa parte anhela completarse mediante la comunión con su Creador, de la misma manera que un hombre busca instin-tivamente a una mujer que lo complementará y completará, y viceversa. Una de las cosas más naturales del mundo es buscar a Dios. Eso es espiritual.

Entonces, lo espiritual tiene que ver con nuestra búsqueda de la comunión con Dios. Crecemos espiritualmen-te cuando nos movemos hacia esa relación con nuestro creador o nos hacemos más íntimos con El. Cualquier otra cosa, todas las otras prescripciones para el crecimiento espiritual, pasan por alto la marca y restan valor a nuestros espíritus de su destino instintivo.

Usemos esta comprensión y apliquémosla a algunos momentos comúnmente considerados "espirituales". Por ejemplo, cuando experimentamos un sentimiento de conex-ión con otros seres humanos, eso no es espiritual. Los per-ros, chimpancés y marsopas también reconocen una similitud con otros de su especie. Eso es solo un miembro de una especie que reconoce a otra. Sin embargo, cuando experi-mentamos un hambre o comunicación con Dios, eso es espiritual.

Sientes un vínculo con otra persona; de alguna manera eres místicamente atraído hacia esa persona. ¿Es eso espir-itual? No. En un mundo con miles de millones de personas, es natural que algunos te froten de la manera equivocada y que con algunos sentirás una afinidad. Eso es simplemente natural. No es espiritual.

En una caminata solitaria hacia las montañas, te paras a descansar en un lugar pintoresco y te asombra la grandeza de lo que ves. ¿Es eso espiritual? Podría ser. La belleza físi-ca y el sentimiento que inspira son naturales, no espirituales. Pero si esa belleza y esas emociones hacen que reflexione sobre la naturaleza de Dios y su lugar en Su esquema o quizás ofrezca una breve oración, entonces esa parte de la experiencia es espiritual.

Habiendo establecido lo que significa "espiritual", la pregunta ahora es ¿de qué manera tienen importancia espir-ituales las empresas bíblicas de la familia?

En El Principio

Recuerda, en el principio; Dios creó el trabajo como el lugar en el que él interactuaría con la humanidad. Esto no quiere decir que un individuo no pueda encontrar a Dios en una cantidad ilimitada de lugares y situaciones. Sin embargo, hay algo especial sobre el trabajo y los negocios en los ojos de Dios.

Si ser espiritual se trata de encontrar a Dios e interactuar con él, entonces el lugar de trabajo en general, y las empre-sas, en particular, tienen un significado espiritual porque es allí donde él interactúa constantemente con la humanidad.

> Las empresas tienen un signifi-cado espiritual, porque es en ellas donde Dios interactúa con la humanidad.

Un conducto para los mandatos Bíblicos

El mandato en los tiempos del Antiguo Testamento era de circuncidarse y hacer que otros se circuncidaran se dio, en parte, a las casas, a los negocios bíblicos.

> Debido a que Dios ordenó el trabajo, y por extensión, el negocio, como el lugar donde interactuaría con la humanidad, es muy consistente verlo usando esta entidad, el negocio bíblico, como el conducto de sus mandatos.

En verdad, el negocio bíblico tiene un papel a los ojos de Dios mucho más grande y más profundo que simplemente proporcionar un ingreso a sus partes interesadas.

En masse

En el Nuevo Testamento, los negocios bíblicos se convirtieron en cristianos en masa, indicando el potencial de im-pacto espiritual en el negocio. En el capítulo 9, examina-remos este tema en detalle. Por ahora, solo tenga en cuenta que hay múltiples ejemplos de hogares enteros, todo el ne-gocio, que se convierten a Cristo de una sola vez.

Cuando llegó el momento de que Jehová enviara a su Mesías y comenzara a atraer personas hacia él, eligió, al menos en parte, utilizar el negocio como el lugar para hacer-lo. Los lugares de reunión más comunes para los primeros cristianos eran los hogares de personas de negocios. Dios muy a menudo convirtió todo el negocio a la vez, y luego ese grupo de personas comenzó a funcionar no solo como un negocio sino también como una iglesia. Ese es el significado espiritual.

Dones Espirituales

Hay un concepto enseñado en las Escrituras que debe-mos explorar para entender este punto. Los "dones espiritu-ales" son habilidades especiales distribuidas por Dios entre su gente que son un poco de Dios en nosotros. Este con-cepto se ilustra en el Antiguo Testamento y se enseña clara-mente en el Nuevo Testamento. Por ejemplo, aquí hay un pasaje del libro de los primeros corintios. Esta es una carta que el apóstol Pablo envió a los cristianos que viven en la ciudad de Corinto. En él, él trata una variedad de temas prácticos y teológicos, uno de los cuales es el concepto de los dones espirituales. Esto es lo que dijo:

> *En cuanto a los dones espirituales, hermanos, quiero que entiendan bien este asunto. 2 Ustedes saben que cu-ando eran paganos se dejaban arrastrar hacia los ídolos mudos. 3 Por eso les advierto que nadie que esté hablando por el Espíritu de Dios puede maldecir a Jesús; ni nadie puede decir: «Jesús es el Señor» sino por el Espíritu Santo.*
>
> *4 Ahora bien, hay diversos dones, pero un mismo Es-píritu. 5 Hay diversas maneras de servir, pero un mismo Señor. 6 Hay diversas funciones, pero es un mismo Di-os el que hace todas las cosas en todos.*
>
> *7 A cada uno se le da una manifestación especial del Espíritu para el bien de los demás. 8 A unos Dios les da por el Espíritu palabra de sabiduría; a otros, por el mis-mo Espíritu, palabra de conocimiento; 9 a otros, fe por medio del mismo Espíritu; a otros, y por ese mismo Es-píritu, dones para sanar enfermos; 10 a otros, poderes milagrosos; a otros, profecía; a otros, el discernir espíri-tus; a otros, el hablar en diversas lenguas; y a otros, el interpretar lenguas. 11 Todo esto lo hace un mismo y único Espíritu, quien reparte a cada uno según él lo de-termina. (1 Cor. 12:1–11)*

Empresas Bíblicas llevan importancia espiritual

Así que aquí está la idea. Dios distribuye estos atributos especiales entre su pueblo para lograr algunas de las cosas que él quiere lograr, el trabajo que ha creado para que la humanidad haga.

Entonces, ¿cuál es el lugar en el que la humanidad ejerce sus dones espirituales? ¿Lo has adivinado? Negocios! Si bien no es el único lugar para el uso de los dones espiritu-ales, es el primer lugar. ¡Los dos primeros casos registrados de dones espirituales tienen lugar en el contexto de negoci-os bíblicos!

Aquí está el primero. José (sí, el José del abrigo de muchos colores), el bisnieto de Abraham, es vendido por sus hermanos mayores a la esclavitud. Sus amos esclavos lo llevan a Egipto, donde se encuentra trabajando en la casa de Potifar. Se le acusa injustamente de hacer un pase a la es-posa de Potifar y se le envía a la cárcel. Allí se encuentra con un par de otros prisioneros que tenían sueños inquietantes. José afirma que puede interpretar los sueños y atribuye su capacidad para interpretar que el sueño pertenece a Dios, por lo que atribuir esa capacidad a lo que luego veríamos es un don espiritual. Aquí está el pasaje:

> *Los dos tuvimos un sueño —respondieron—, y no hay nadie que nos lo interprete. ¿Acaso no es Dios quien da la interpretación? —preguntó José—. ¿Por qué no me cuentan lo que soñaron?" (Gen. 40:8)*

Por desgracia, José permanece en prisión hasta que Faraón tenga un sueño, y el prisionero por quien José inter-pretó el sueño lo recuerda y lo recomienda a Faraón. Frente a Faraón, José nuevamente atribuye su capacidad para inter-pretar sueños a Dios.

Faraòn dijo, tuve un sueño que nadie ha podido inter-pretar. Pero me he enterado de que, cuando tú oyes un sueño, eres capaz de interpretarlo.

16 —No soy yo quien puede hacerlo —respondió Jo-sé—, sino que es Dios quien le dará al faraón una respuesta favorable.." (Gen. 41:15–16)

Entonces, Joseph interpreta correctamente el sueño de Faraón y se encarga del proyecto de preparar al país para siete años de hambruna, una tarea muy comercial. Entonces, en esta primera instancia registrada de dones espirituales, la aplicación es una tarea muy empresarial, y Joseph se con-vierte en el CEO de los negocios de Pharaoh.

La siguiente instancia de dones espirituales es también un empresario: Bezalel. Aquí está la historia. Los Hebreos han dejado Egipto, siendo conducidos al desierto por Moisés. Han acampado en la base del monte. Sinaí, y Moisés ha reci-bido los Diez Mandamientos de Dios. Pero las instrucciones de Dios a los Hebreos son mucho más detalladas y exhausti-vas que solo los Diez Mandamientos. Las páginas de la Biblia están dedicadas a presentar las reglas específicas que Dios entrega a los Hebreos. El conjunto de esto se denomina más tarde como la "Ley de Moisés", o taquigrafía, simplemente "la Ley".

Como parte de esto, Dios describe con intrincado detalle la tienda de campaña que debe ser el lugar donde Moisés, Aarón y los nuevos sacerdotes ofrecerán sacrificios en nom-bre del pueblo. Contendrá el Arca de la Alianza. Aquí hay un pasaje para darle una idea del nivel de detalle en los man-damientos de Dios. En este pasaje, Dios está describiendo cómo quiere que se hagan los candelabros:

> *Haz un candelabro de oro puro labrado a martillo. Su base, su tallo y sus copas, cálices y flores, formarán una sola pieza. 32 Seis de sus brazos se abrirán a los costa-dos, tres de un lado y tres del otro. 33 Cada uno de los seis brazos del candelabro tendrá tres copas en forma de flor de almendro, con cálices y pétalos. 34 El cande-labro mismo tendrá cuatro copas en forma de flor de almendro, con cálices y pétalos. 35 Cada uno de los tres pares de brazos tendrá un cáliz en la parte inferior, donde se unen con el tallo del candelabro. 36 Los cálices y los brazos deben formar una sola pieza con el cande-labro, y ser de oro puro labrado a martillo. (Exod. 25:31–36)*

Este tipo de descripción detallada de cómo hacer que to-do en el tabernáculo continúe para las páginas. Claramente, Moisés y los Hebreos tienen un gran desafío frente a ellos: cómo poner todo esto junto, exactamente como Dios dijo que lo quería.

Aquí hay un patrón. ¿De dónde vino el trabajo a Adán? Dios lo creó y se lo dio. ¿Y de dónde vino la obra dada a Moisés? Dios lo creó y se lo dio. En el jardín, el trabajo con-sistía en nombrar a los animales. Ahora es construir el taber-náculo y todos los muebles exactamente como él quería.

Esta tarea parecería insuperable. Pero en el patrón que comenzó en el Jardín del Edén y continúa a lo largo de la Biblia, Dios proporciona una manera de hacer esto. En la his-toria de la creación, él trajo los animales a Adán. En la historia de Bezalel, él trabaja con su gente una vez más.

> *El Señor habló con Moisés y le dijo: 2 «Toma en cuenta que he escogido a Bezalel, hijo de Uri y nieto de Jur, de la tribu de Judá, 3 y lo he llenado del Espíritu de Dios, de sabiduría, inteligencia y capacidad creativa 4 para hacer trabajos artísticos en oro, plata y bronce, 5 para cortar y engastar piedras preciosas, para hacer tallados en madera y para realizar toda clase de artesanías.*
>
> *6 »Además, he designado como su ayudante a Aholiab hijo de Ajisamac, de la tribu de Dan, y he dotado de ha-bilidad a todos los artesanos para que hagan todo lo que te he mandado hacer, es decir." (Exod. 31:1–6)*

¿Cómo fue Moisés lograr esta enorme tarea? Delegarlo a un empresario, uno a quien Dios había seleccionado y lleno de las habilidades, habilidades y conocimientos necesarios para hacerlo. Observe que los regalos vertidos en Bezalel se exhibieron principalmente en el mercado.

Si bien esta aplicación particular tuvo implicaciones espir-ituales, la artesanía que Bezalel aportó a la tarea se desarrol-ló para hacer el trabajo para otros en el mercado de la época. No es difícil imaginar a Bezalel comisionado por la gente que lo rodea para crear piezas de joyería y artículos para el ho-gar. Incluso puede haber tenido una tienda y haber ofrecido su trabajo a la venta. Probablemente era un empresario inde-pendiente.

Él no era un profeta, un maestro o un sacerdote. Dios eligió a un artesano, un trabajador con oro, plata y bronce, para hacer esta tarea monumental. Dios equipó a este em-presario con un poder sobrenatural para "participar en todo tipo de artesanía".

El mismo Moisés dijo que Bezalel tenía un don espiritual y que era para usarlo en el mercado. Mira:

> *Moisés les dijo a los israelitas: «Tomen en cuenta que el Señor ha escogido expresamente a Bezalel, hijo de Uri y nieto de Jur, de la tribu de Judá, 31 y lo ha llenado del Espíritu de Dios, de sabiduría, inteligencia y capacidad creativa 32 para hacer trabajos artísticos en oro, plata y bronce, 33 para cortar y engastar piedras preciosas, para hacer tallados en madera y realizar toda clase de diseños artísticos y artesanías. 34 Dios les ha dado a él y a Ahol-iab hijo de Ajisamac, de la tribu de Dan, la habilidad de enseñar a otros. 35 Los ha llenado de gran sabiduría pa-ra realizar toda clase de artesanías, diseños y recamados en lana púrpura, carmesí y escarlata, y lino. Son expertos tejedores y hábiles artesanos en toda clase de labores y diseños. (Exod. 35:30–35)*

Tenga en cuenta que en estos dos primeros ejemplos de dones espirituales, el obsequio tiene tentáculos que llegan al mundo del trabajo y de las empresas específicamente. El don de interpretar los sueños de Joseph le da el puesto de direc-tor general de la familia del faraón, y el don de artesanía de Bezalel fue perfeccionado en su negocio.

Un poco de reflexión nos llevará a una conclusión similar cuando consideremos el pasaje del Nuevo Testamento sobre los dones espirituales citados anteriormente. Tenga en cuen-ta que los regalos se dan para el bien común.

> Este importancia espiritual subraya el lugar especial que las empresas tienen en la Biblia. No son solo entidades que proporcionan un sustento a sus partes interesadas. Se les atribuye un significado espiritual especial a los ojos de Dios.

Él los bendice y maldice, interactúa con la humanidad a través de ellos, distribuye sus dones para ser usados en ellos y les entrega el evangelio.

Él los bendice y maldice, interactúa con la humanidad a través de ellos, distribuye sus dones para ser usados en ellos y les entrega el Evangelio.

Y el patrón se repite: Dios crea el trabajo y luego usa esa tarea para interactuar con la humanidad para lograrlo. El tra-bajo, y por extensión, el negocio, es tan importante para Dios que eligió a un empresario para dirigir cada movimiento im-portante en la Biblia.

Si bien la historia completa de muchos de estos ejemplos está fuera del alcance de este libro, aquí hay una pequeña muestra de los empresarios que fueron elegidos para liderar los principales movimientos en la Biblia:

Abraham
Uno de los hombres de negocios bíblicos más exitosos, dirigió una empresa de miles de personas y fue elegido para ser el padre de un grupo especial de personas conocido más tarde como los israelitas.

Jacob
Dueño de un negocio de tercera generación, engendró lo que se convertiría en las doce tribus de Israel.

Moses
En el negocio de criar ovejas, fue elegido para sacar a los hebreos de Egipto y llevarlos a la tierra prometida.

Saul
El primer rey de los Hebreos, estaba trabajando para su pa-dre en su negocio cuando su vida fue interrumpida, y fue llamado a ser rey.

David
Empleado por su padre en un negocio familiar, fue elegido para ser el segundo Rey de Israel; consolidó el reino y escribió la mayoría de los Salmos.

Jesus
Pequeño empresario, carpintero durante la mayor parte de su vida adulta.

Peter
Como pequeño empresario, tenía un negocio de pesca cuando fue llamado por Cristo para convertirse en apóstol, y se convirtió en uno de los líderes altamente visibles de la iglesia primitiva.

Pablo
Fue un fabricante de tiendas de campaña, propietario único, que dirigió el avance del cristianismo en la mayor parte del mundo conocido después de la muerte y resurrección de Jesús.

Consolidemos lo que hemos aprendido. Los negocios bí-blicos son tan importantes para Dios que les atribuye un sig-nificado espiritual especial.

Son, en parte, cómo elige entregar la orden de ser circuncidado. Son el lugar principal para la expresión de los dones espirituales. Dios bendice o maldice todo el negocio por los lapsos morales o las virtudes de los líderes empresar-iales. Cuando llegó el momento de expandir la iglesia, él eligió convertir negocios completos al mismo tiempo. Él eligió los negocios como el lugar para construir y desarrollar grandes líderes en la Biblia.

Empresas Bíblicas llevan importancia espiritual

Pensandolo.....nuevamente acerca de este capitulo...

1. Responda y reaccione a esta afirmación: si ser espir-itual tiene que ver con encontrar a Dios e interactuar con él, entonces el lugar de trabajo en general y las empresas, en particular, tienen un significado espir-itual porque es allí donde él interactúa constante-mente con la humanidad.

2. ¿Hasta qué punto sabías que las dos primeras inci-dencias del uso de dones espirituales eran aplica-ciones comerciales?

3. Responda y reaccione a esta afirmación: este signifi-cado espiritual subraya el lugar especial que las em-presas tienen en la Biblia. No son solo entidades que proporcionan un sustento a sus partes interesadas. Se les atribuye especial significación espiritual. Dios los bendice y maldice, interactúa con la humanidad a través de ellos, distribuye sus dones para ser usados en ellos y les entrega el evangelio.

4. ¿Cuáles son las implicaciones del hecho de que Dios usó a un hombre de negocios para dirigir casi cada movimiento importante en la Biblia?

Perfil Biblico de Empresario:

Daron tiene un negocio que crea sistemas de ventas automatizados para la industria de la salud y el fitness. Su negocio de diecisiete personas es completamente virtual: todos trabajan desde su hogar. Él y Mario, su socio, obtuvi-eron su primer cliente en 2002 y hoy atienden a 1,600 ubi-caciones en quince países.

No fue fácil. Mario estaba administrando la terapia física para un sistema de atención médica hospitalaria, y Daron dirigía los centros de salud y de acondicionamiento físico para ese mismo sistema. Ambos eran de tipo emprendedor y decidieron emprender negocios juntos.

Aunque ninguno de los dos era tecnología, los dos de-cidieron construir lo que

Es esencialmente un negocio de tecnología. Ambos querían crear un negocio que reflejara su fe y decidieron que la compañía diezmaría de los ingresos de la compañía. Vendieron acciones a sus familiares y amigos y lanzaron. Adquirieron su primer cliente en 2002, algunos más en 2003, y lograron su primera gran oportunidad en 2004.

Una de sus ventajas únicas es un avatar 3-D patentado que muestra visualmente el potencial de cambio de su cuer-po. Basada en un régimen de ejercicio

Empresas Bíblicas llevan importancia espiritual

y nutrición, la tecnología también predice cuáles serán esos cambios y per-sonalmente predice la probabilidad de contraer diabetes, enfermedad cardíaca, accidente cerebrovascular y cáncer, así como la reducción específica de esos riesgos en función de los cambios en el estilo de vida.

Daron se crió en un hogar cristiano y sintió firmemente que quería honrar a Dios con su vida. El negocio fue una extensión natural de esa motivación. Daron reflexiona: "En los negocios, si solo lo haces para obtener beneficios, no hay satisfacción personal, no hay un propósito mayor. Es so-lo un mes más para alcanzar el presupuesto y alcanzar la me-ta. ¿Cuál es el significado de todo eso?

Daron atribuye a su Grupo Ejecutivo de Mesa Redonda de Truth @ Work Christian por brindarle ideas sobre cómo moldear su operación en un negocio que honra a Dios.

"El grupo me ha dado formas más concretas de imple-mentar valores fundamentales. Me ha dado un marco y un enfoque para reflejar mis valores ".

Un ejemplo tiene que ver con su actitud hacia sus empleados: "Quiero que todos los empleados estén mejor por haber sido parte de mi organización y conocerme, sin importar cuánto tiempo estén aquí. Quiero que todos los empleados puedan decir que esta organización ha impactado positivamente su vida ".

Aquí hay un ejemplo. Tenía un empleado difícil cuyo comportamiento era perjudicial para la empresa. "Estoy se-guro de que alguien más lo habría despedido", dice Daron. Pero debido a que veía a la organización como un medio pa-ra impactar a las personas por toda la eternidad, oró al re-specto, habló con su grupo de mesa redonda y concluyó que el empleado había sido herido emocionalmente en algún lu-gar de su vida. En lugar de despedirlo, Daron condujo las tres horas y media a su casa y pasó varias horas con él. Pri-mero compartió con el empleado que lo cuidaba, compartió su cosmovisión bíblica con él y luego abordó los problemas de trabajo específicos que eran problemáticos.

¿El resultado? El empleado ha logrado una mejora espectac-ular en todas las áreas problemáticas y se ha convertido en un empleado mucho más efectivo. Daron sigue orando por él.

Daron atribuye su contrato más grande específicamente a la acción de Dios. Aquí está la historia. Había estado traba-jando en un gran cliente potencial de forma intermitente du-rante diez años y no había llegado a ninguna parte. El año pasado, asistía a una feria comercial en Chicago y recibió un correo electrónico de uno de sus clientes, estableciendo una reunión con él y un representante del cliente potencial. Cu-atro días después, Daron se encontraba en San Francisco, presentándose ante el consejo de la compañía. Dentro de dos semanas, tuvo un compromiso verbal de la compañía para usar su sistema. Unos meses más tarde, él estaba en más de cuatrocientos lugares diferentes para esa compañía.

"Son una compañía de mil millones de dólares", dice Da-ron. "Que ellos se muevan rápida y completamente con mi pequeña compañía es milagroso".

De cara al futuro, Daron está más entusiasmado con el potencial de brindar una oportunidad a más personas para trabajar desde su hogar. "Me encantaría tener mil mamás y papás trabajando para mí que puedan invertir en las vidas de sus familias y no tener que viajar al trabajo".

Capitulo 8

Lo que Jesus decía en cuanto a empresas

Jesús rara vez enseñaba específicamente sobre los hogares, sino que los utilizaba como telón de fondo o lugar de celebración de algunas de sus parábolas y enseñanzas. Aprendemos sobre sus puntos de vista sobre los hogares por inferencia. Veamos algunos pasajes que citan cosas que él dijo.

> *Basta con que el discípulo sea como su maestro, y el siervo como su amo. Si al jefe de la casa lo han llamado Beelzebú, ¡cuánto más a los de su* **casa***! (Matt. 10:25)*

En este pasaje, Jesús está comentando sobre el impacto del jefe de familia en los miembros de esa familia. Si el jefe de la familia es malo (Beelzebub es otro nombre para Sa-tanás), también lo serán los miembros de esa familia. Tenga en cuenta que hablaba de hogares, no de familias. Casas (negocios), no familias, fueron su marco de referencia.

> *Sabiendo Jesús los pensamientos de ellos, les dijo: Todo reino dividido contra sí mismo, es asolado, y toda ciudad o* **casa** *dividida contra sí misma, no permanecerá." (Matt. 12:25)*

Note la progresión en su pensamiento: reinos, ciudades y casas. Observe que no dijo "reinos, ciudades, casas y famili-as". En opinión de Jesús, las casas eran vistos como la uni-dad organizativa más pequeña y fundamental de la sociedad. Eran la unidad celular.

¿Quién es, pues, el siervo fiel y prudente, al cual puso su señor sobre su "casa" para que les dé el alimento a tiempo? (Matt. 24:45)

Una vez más, note que Jesús usa la casa como el contex-to desde el cual imparte una enseñanza sobre los sirvientes. Existe el entendimiento de que la casa es la unidad organiza-tiva principal en la sociedad. Es la unidad celular. Sus ense-ñanzas sobre el servicio y la administración se establecen en el contexto de una casa. Tenga en cuenta que el hogar en este pasaje es lo suficientemente grande como para tener múltiples servidores y niveles de administración. El siervo fiel y sabio se llamaría gerente en el mundo de hoy.

Note también que Jesús se presentó a tres de sus discípulos al bendecir primero su negocio.

Aconteció que estando Jesús junto al lago de Genesaret, el gentío se agolpaba sobre él para oír la palabra de Di-os. 2 Y vio dos barcas que estaban cerca de la orilla del lago; y los pescadores, habiendo descendido de ellas, la-vaban sus redes. 3 Y entrando en una de aquellas bar-cas, la cual era de Simón, le rogó que la apartase de tier-ra un poco; y sentándose, enseñaba desde la barca a la multitud. 4 Cuando terminó de hablar, dijo a Simón: Boga mar adentro, y echad vuestras redes para pescar. 5 Respondiendo Simón, le dijo: Maestro, toda la noche hemos estado trabajando, y nada hemos pescado; mas en tu palabra echaré la red. 6 Y habiéndolo hecho, en-

Lo que Jesus decía en cuanto a empresas

cerraron gran cantidad de peces, y su red se rompía. 7 Entonces hicieron señas a los compañeros que estaban en la otra barca, para que viniesen a ayudarles; y vinieron, y llenaron ambas barcas, de tal manera que se hundían. 8 Viendo esto Simón Pedro, cayó de rodillas ante Jesús, diciendo: Apártate de mí, Señor, porque soy hombre pecador. 9 Porque por la pesca que habían hecho, el temor se había apoderado de él, y de todos los que estaban con él, 10 y asimismo de Jacobo y Juan, hi-jos de Zebedeo, que eran compañeros de Simón. Pero Jesús dijo a Simón: No temas; desde ahora serás pesca-dor de hombres. (Luke 5:1–10)

Jesús enseñaba a menudo usando parábolas. Una parábola es una historia que se construye para atraer a la audi-encia y hacer que piensen en una lección que se aplique a su situación. Piense en ellos como la versión bíblica de un estudio de caso. Una de las parábolas más conocidas es la parábola de los talentos. La traducción de la historia ha sido tradicionalmente un poco desafortunada. La palabra que se traduce como "talento" se refiere a una bolsa de dinero, una cantidad sustancial, equivalente a unos veinte años del salar-io de un jornalero. Por lo tanto, la parábola es sobre el dine-ro. Sin embargo, muchas personas se enfocan en la palabra "talento" y piensan que la historia se trata de las habilidades de uno. Si bien los principios que se enseñan se pueden aplicar de esa manera, el núcleo de la historia es sobre el propietario de un negocio que delegue la autoridad de una parte de su riqueza a los miembros más importantes de su negocio.

Vamos a leer la historia. Aquí está la historia en las propias palabras de Jesús:

> *Porque el reino de los cielos es como un hombre que yéndose lejos, llamó a sus siervos y les entregó sus bienes. 15 A uno dio cinco talentos, y a otro dos, y a ot-ro uno, a cada uno conforme a su capacidad; y luego se fue lejos. 16 Y el que había recibido cinco talentos fue y negoció con ellos, y ganó otros cinco talentos.*
>
> *17 Asimismo el que había recibido dos, ganó también otros dos. 18 Pero el que había recibido uno fue y cavó en la tierra, y escondió el dinero de su señor. 19 Después de mucho tiempo vino el señor de aquellos siervos, y arregló cuentas con ellos. 20 Y llegando el que había recibido cinco talentos, trajo otros cinco talentos, diciendo: Señor, cinco talentos me entregaste; aquí tienes, he ganado otros cinco talentos sobre ellos. 21 Y su señor le dijo: Bien, buen siervo y fiel; sobre poco has sido fiel, sobre mucho te pondré; entra en el gozo de tu señor. 22 Llegando también el que había recibido dos talentos, dijo: Señor, dos talentos me entregaste; aquí tienes, he ganado otros dos talentos sobre ellos. 23 Su señor le dijo: Bien, buen siervo y fiel; sobre poco has si-do fiel, sobre mucho te pondré; entra en el gozo de tu señor. 24 Pero llegando también el que había recibido un talento, dijo: Señor, te conocía que eres hombre du-ro, que siegas donde no sembraste y recoges donde no esparciste; 25 por lo cual tuve miedo, y fui y escondí tu talento en la tierra; aquí tienes lo que es tuyo. 26 Respondiendo su señor, le dijo: Siervo malo y negli-gente, sabías que siego donde no sembré, y que recojo donde no esparcí. 27 Por tanto, debías haber dado mi dinero a los banqueros, y al venir yo, hubiera recibido lo que es mío con los intereses. 28 Quitadle, pues, el talento, y dadlo al que tiene diez talentos. 29 Porque al que tiene, le será dado, y tendrá más; y al que no tiene, aun lo que tiene le será quitado. 30 Y al siervo inútil echadle en las tinieblas de afuera; allí será el lloro y el crujir de dientes." (Matt. 25:14–30)*

La historia es claramente sobre un jefe de familia que del-egue la autoridad de su dinero a sus sirvientes y luego los responsabiliza por la administración de ese dinero. Se

trata del dinero y la responsabilidad de los empleados domésticos de invertir eso sabiamente.

¿Qué podemos aprender de los negocios Bíblicos de este pasaje?

Resulta que a Jesús le preocupan los negocios, el dinero, la inversión adecuada y la responsabilidad de los individuos para tomar buenas decisiones al respecto. ¡La historia es so-bre bolsas de oro! Los negocios, en el sentido de la adquisición de riqueza mundana, son importantes en la Biblia. Lo vimos en el Antiguo Testamento desde el momento de la creación y a lo largo de la narrativa bíblica, y ahora lo vemos en las enseñanzas de Jesús.

La parábola subraya la idea de que los hogares eran, en gran parte, sobre la adquisición y gestión de la riqueza. Exis-ten en el mundo mundano para expandir su afluencia e influ-encia. Y a Dios le interesa la mecánica de cómo se hace eso.

A los tres "gerentes" se les confió una porción de la riqueza de su jefe y se esperaba que invirtieran eso sabi-amente. Los gerentes estaban autorizados a hacer lo que quisieran con esa parte de la riqueza de su jefe. Desde la perspectiva de los gerentes, se esperaba que fueran buenos administradores del dinero de sus jefes.

Esto resalta el concepto bíblico de "mayordomía", que es un tema constante en la Biblia. La corresponsabilidad afirma que la humanidad, en general, y cada persona, específica-mente, tienen la oportunidad de crear algo más grande con los recursos de Dios. El tiempo que tienes en la tierra es temporal, y te "prestan" algunos recursos y se espera que los utilices bien. En este caso, los recursos fueron el dinero de los jefes. El principio de la administración exige que el dinero se invierta para crear un aumento.

Esto es, por supuesto, una extensión del primer principio de los negocios bíblicos. Recuerde, en el Jardín del Edén, Dios le dio al hombre el Jardín, como administrador temporal, para "mantener y trabajar el Jardín". Él apoyó la autoridad temporal de Adán sobre algún aspecto de la creación y las elecciones sabias esperadas.

El principio de mayordomía no solo exige a los gerentes crear un aumento en el dinero de los jefes, sino que el prin-cipio también se aplica al propio jefe. De la forma en que otorgó la autoridad temporal del gerente para tomar deci-siones sobre su dinero, también se le otorgó autoridad tem-poral sobre el negocio que generó esa riqueza y el dinero en sí. Del mismo modo que el jefe responsabilizará a los ger-entes por su mayordomía, también será responsable por su mayordomía.

Lo que Jesus decía en cuanto a empresas

Por otro lado, la administración es otro componente clave de los negocios bíblicos: la delegación efectiva. La historia trata tanto de la delegación del jefe como de la administración del gerente. Tenga en cuenta que les delegó varias por-ciones de su riqueza, "cada uno según su capacidad".

Para hacer eso, él necesitaría conocer a sus empleados lo suficientemente bien como para hacer un juicio informado sobre sus habilidades. Una vez más, estamos de vuelta en un tema coherente de los negocios bíblicos: la intensa rela-ción entre el jefe del negocio y las personas que trabajaron en el negocio. Pero esta vez, lo vemos desde la perspectiva del jefe de familia. En este caso, el propietario tenía que conocer a cada uno de estos gerentes lo suficientemente bien como para poder distinguir sus habilidades y delegar en cada una de esas porciones de su riqueza que él creía que podían manejar. Había una razón por la cual a uno le dieron cinco bolsas de oro y otro solo.

¿Cuánto tiempo le habría llevado a ese empresario desar-rollar ese tipo de relación con su gente? ¿Cuántas conver-saciones, cuántas tareas asignadas y completadas, cuántas delegaciones exitosas anteriores? Esta historia no se trata de una situación al comienzo de la relación, sino de una situ-ación que ocurrió después de cierta historia. Se necesita tiempo para desarrollar la confianza en otra persona hasta el nivel en el que se le otorga total autoridad sobre una can-tidad tan grande. Cinco bolsas de oro, cada una equivalente a veinte años de salario. Eso es cien años de salario, repre-sentado en esas cinco bolsas. Probablemente esta no sea la primera vez que este jefe delegue algo a estos gerentes.

Entonces, hemos descubierto una faceta en este concep-to de delegación: la necesidad de conocer a la persona lo suficientemente profundamente como para poder evaluar con precisión sus habilidades. La segunda parte de eso es delegar tareas basadas en ese conocimiento. A cada uno de los gerentes se le asignó la tarea para la cual sus habilidades eran suficientes. En otras palabras, la persona de una sola bolsa de oro no recibió cinco bolsas porque el jefe conocía su límite. La persona de dos bolsas no recibió cinco bolsas por la misma razón. Si bien el jefe no estaba contento con los resultados que logró la persona de una bolsa, ¿imagina qué pasaría si le hubiera dado la administración de cinco bolsas?

Finalmente, un poco de pensamiento descubre otro ele-mento clave de la delegación: el riesgo apropiado. Haber dado a la persona de dos bolsas el control de cinco bolsas habría sido un riesgo demasiado grande. Lo mismo es cierto para la persona de una sola bolsa.

Si bien una cosa es delegar la responsabilidad, esa delegación tiene que ocurrir dentro del mayor contexto del bien de toda la entidad. Pudo haber dado las ocho bolsas a una persona, pero no lo hizo. Eso hubiera sido demasiado riesgo en una decisión. Todo el negocio podría haber sido elimina-do por decisiones desviadas. Por lo tanto, optó por repartir el riesgo entre los tres, y cada uno de ellos delegó esa parte de la reserva total de riqueza con la que el jefe se sintió más cómodo.

Entonces, en esta parábola, hemos descubierto el concepto de administración y los conceptos de delegación y riesgo, y hemos reiterado el tema de la intensa relación entre el jefe y los empleados.

Sin embargo, todavía no hemos agotado la profundidad de la sabiduría en esta historia. Veamos dos piezas más, la primera de las cuales es la recompensa y el castigo. Los dos buenos gerentes, que tomaron decisiones sabias y aumen-taron la riqueza del maestro, fueron recompensados con re-sponsabilidades aún mayores. Tenga en cuenta que no fueron recompensados con viviendas más grandes, una gran bonificación anual, mejor comida o mejor ropa. ¡Tienen más responsabilidades! Por lo tanto, la recompensa bíblica por una administración eficaz es la administración sobre un con-junto mayor de responsabilidades y recursos.

¡Bien hecho, buen y fiel sirviente! Has sido fiel con al-gunas cosas; Te pondré a cargo de muchas cosas. ¡Ven y comparte la felicidad de tu maestro!

Al principio, eso puede parecer un poco extraño. Estamos acostumbrados a recompensas más tangibles. Ganamos un viaje al extranjero, una bonificación anual o un gran cheque de comisión. Pero sigue de manera muy consistente con la visión de la Biblia del trabajo y los negocios. Volvamos al jardín otra vez. Notamos que el hombre fue hecho a la imagen de Dios, para ser un trabajador y para ser creativo en su trabajo, impactando a la creación con su perspectiva y talentos únicos. La recompensa por el trabajo bien hecho es la oportunidad de hacerlo nuevamente en una escala más grande.

¿Recuerdas a las parteras hebreas? La recompensa por la obediencia, el trabajo bien hecho, era su propio negocio. En otras palabras, fue la oportunidad de trabajar en una escala más grande. Abraham hizo bien con su negocio, y la recompensa fue un negocio más grande: más personas para impactar, más creación de Dios para organizar y nutrir.

En la visión bíblica, el trabajo es donde Dios interactúa con la humanidad. La recompensa por el trabajo bien hecho es la oportunidad de hacer más en una escala más grande. En otras palabras, es interactuar con Dios en un plano diferente. A medida que trabajas bien, Dios te invita a un nivel más profundo de relación con él. Tenga en cuenta la segunda parte de los comentarios del jefe a su gerente: "¡Venga y comparta la felicidad de su maestro!"

Hay dos aspectos de la recompensa para aquellos que lo hacen bien: (1) la oportunidad de hacerlo nuevamente en una escala más grande y (2) una relación más estrecha con Dios. Tenga en cuenta que el jefe no dijo "Te haré feliz". Más bien, dijo: "Comparte la felicidad de tu amo". Compartir implica una relación, pasar tiempo juntos. Compartir significa que estás entregando algo tuyo a la otra persona. En este caso, el jefe (Dios) está compartiendo su felicidad. Hay un sentido de hacer esta "cosa de la felicidad" juntos.

> Hay dos aspectos de la recompensa para aquellos que lo hacen bien: (1) la oportunidad de hacerlo nuevamente en una escala más grande y (2) una relación más estrecha con Dios.

Pero no hemos terminado con esta parábola hasta que miremos al hombre de una sola bolsa.

Pero llegando también el que había recibido un talento, dijo: Señor, te conocía que eres hombre duro, que siegas donde no sembraste y recoges donde no esparciste; 25 por lo cual tuve miedo, y fui y escondí tu talento en la tierra; aquí tienes lo que es tuyo. 26 Respondiendo su señor, le dijo: Siervo malo y negligente, sabías que siego donde no sembré, y que recojo donde no esparcí. 27 Por tanto, debías haber dado mi dinero a los banqueros, y al venir yo, hubiera recibido lo que es mío con los intereses. 28 Quítadle, pues, el talento, y dadlo al que tiene diez talentos. 29 Porque al que tiene, le será dado, y tendrá más; y al que no tiene, aun lo que tiene le será quitado. 30 Y al siervo inútil echadle en las tinieblas de afuera; allí será el lloro y el crujir de dientes.(Matt. 25:24–30)

¿Cuál fue la motivación personal de una sola bolsa? Temor. Él dijo: "Así que tenía miedo". Y ese miedo lo llevó a hacer lo mismo que enojaba más a su jefe: escondía el dinero en el suelo en lugar de ponerlo en el banco. Eligió la opción de menor riesgo y la opción que requería la in-versión mínima de su tiempo y energía. Su miedo llevó a evitar el riesgo y negarse a comprometerse.

No hay lugar en el negocio bíblico para el miedo, o el miedo en la medida en que paraliza las acciones de uno y evita todo riesgo. En el léxico bíblico, el temor de este tipo es una herramienta del mal, utilizada para inhibir las acciones positivas y paralizar los esfuerzos piadosos. Hay un pasaje en 2 Timoteo 1: 7 que lo pone en perspectiva:

Porque Dios no te dio un espíritu de temor, sino de amor, poder y auto dominio.

Entonces, en la parábola, la persona de una sola bolsa permitió que el miedo lo influenciara y, como resultado, tomó la decisión que requería lo menos de él y representaba la opción de menor riesgo.

El jefe no estaba feliz. "Podrías haberlo puesto al menos en el banco", declara, reflexionando sobre una opción que era de bajo riesgo pero que aún producía una devolución. Pero cualquier riesgo era demasiado riesgo para el hombre temeroso. Su castigo sigue perfectamente el concepto detrás de la recompensa que recibieron los demás.

Mientras que los buenos sirvientes fueron recompensados con mayores responsabilidades, el sirviente sin valor fue liberado de todas sus responsabilidades. Mientras que los buenos sirvientes fueron recompensados con una mayor comunión con el jefe, el sirviente sin valor obtiene ex-actamente lo contrario: echado afuera donde el jefe no vive y donde hay miseria y tristeza.

Reflexion

Recapitulemos lo que podemos aprender acerca de los ne-gocios bíblicos de las enseñanzas de Jesús:

1. Jesús vio a la familia, (casa) o negocio, como la unidad celular de la sociedad y la economía.

2. Los empresarios tienen la responsabilidad de ser bue-nos administradores de lo que se les ha encomendado e in-vertirlo sabiamente.

3. Los buenos empresarios conocen bien a sus empleados y delegan la responsabilidad en función de su conocimiento de las capacidades de la persona.

4. Los buenos empresarios responsabilizan a sus empleados por lo que les han confiado y recompensan los buenos esfuerzos con responsabilidades adicionales y una relación más estrecha.

5. Los buenos empresarios tienen consecuencias negati-vas para quienes operan por temor y no obtienen un retorno de la inversión de sus propietarios

Pensando de este capitulo...

1. ¿Qué piensa usted del hecho de que Jesús operó asumiendo que el hogar era la unidad celular de la sociedad y la economía?

2. Nota al menos tres cosas que puede aprender acerca de los negocios bíblicos de la parábola de las bolsas de oro.

3. Responda a esta afirmación: la recompensa por el traba-jo bien hecho es la oportunidad de hacer más en una escala más grande. En otras palabras, para interactuar con Dios en un plano diferente. A medida que trabajas bien, Dios te invita a un nivel más profundo de relación con él.

Capitulo 9

Empresas Bíblicas en el Nuevo Testamento

Como recordarán, el Antiguo Testamento contó la historia de la creación, los altibajos del pueblo judío y la relación de Dios con ellos. Hay sesenta y seis libros diferentes, escri-tos por treinta y nueve autores, y he citado de algunos de ellos.

Los escritos del Antiguo Testamento prácticamente se detuvieron alrededor del 500 a. C., y hubo un período de aproximadamente quinientos años sin registro de las Escritu-ras. Luego, el Nuevo Testamento retoma la historia de Jesús y la expansión del cristianismo después de su resurrección. La razón por la que se llama el Nuevo Testamento es que gira en torno a una nueva relación entre Dios y la humanidad. Ahora, como resultado del ministerio de Jesús, todos (no solo el pueblo judío) pueden tener una relación con Dios. Y la Ley de Moisés, que contenía los Diez Mandamientos y un sinnúmero de otras leyes, se cumple, y se instituye una nue-va ley: la ley del amor que se centra alrededor de Jesús.

La historia de la vida, la muerte y la resurrección de Jesús se cuenta en los cuatro Evangelios: Mateo, Marcos, Lucas y Juan, que llevan el nombre de los autores de cada obra. Los Hechos de los Apóstoles narra la expansión del movimiento cristiano, y las epístolas, que son cartas escritas por varios apóstoles a las comunidades cristianas de todo el mundo, añaden profundidad y detalle a la cuestión de cómo vivir como un cristiano. El último libro de la Biblia, el libro de Apocalipsis, registra una visión del apóstol Juan y articula, en un lenguaje muy simbólico, el fin del mundo.

Hay muchas diferencias entre ellos. El Antiguo Testamento, por ejemplo, fue escrito en hebreo y escrito para el pueblo judío. El Nuevo Testamento fue escrito principalmen-te en griego y escrito para el mundo.

No nos interesa, en este libro, las similitudes y diferen-cias. Este es un libro de negocios, no una discusión teológi-ca. Sin embargo, es útil para obtener un poco de anteced-entes. Los pasajes del capítulo anterior en los que citamos las palabras de Jesús estaban todos contenidos en el Nuevo Testamento. Hay, sin embargo, algunas otras cosas acerca de los negocios bíblicos que podemos extraer de los escritos del Nuevo Testamento de la misma manera que hicimos el Antiguo Testamento. Aparte de las enseñanzas de Jesús, discutidas en el capítulo anterior, aprendemos acerca de los asuntos bíblicos al verlos en operación en lugar de aprender de direcciones específicas. Hay pocos "Harás esto" en el Nuevo Testamento cuando se trata de negocios. Con eso como fondo, veamos lo que podemos aprender sobre los negocios bíblicos del Nuevo Testamento.

A veces eran lo suficientemente grandes como para tener niveles de gerencia.

Juana, mujer de Chuza, procurador de Herodes, y Su-sana, y otras muchas que le servían de sus haciendas. (Luke 8:3, version antigua)

Sí, ese es el mismo Herodes que fue instrumental en la muerte de Jesús. Tenía una casa, Hacienda cuyo negocio gobernaba el territorio. Evidentemente, su casa era lo sufi-cientemente grande como para tener mandos intermedios, y este pasaje señala que la esposa del CEO de Herodes se había convertido al cristianismo. Un pequeño toque de ironía.

Las empresas eran una parte integral del cam-po de entrenamiento para el desarrollo del li-derazgo cristiano.

Los diáconos sean maridos de una sola mujer, y que go-biernen bien sus hijos y sus casas. (1 Tim. 3:12)

A medida que el cristianismo comenzó a expandirse, las comunidades de cristianos comenzaron a organizarse. La escritura de los apóstoles identificó algunas obras de servicio que estaban un tanto especializadas y enfocadas en los grupos de cristianos en evolución. Uno de esos trabajos de servicio fue el de un "diácono".

Tenga en cuenta que el diácono ganó su experiencia y sabiduría al tratar con las personas a través de las interacciones dentro de su familia y su negocio. Las empresas, en los tiempos del Nuevo Testamento, fueron el terreno de prueba para el desarrollo de las cualidades del carácter que eran efectivas en las comunidades cristianas. Los sirvientes cristianos deben configurar sus habilidades en el caldero de un negocio.

Se esperaba que el jefe de familia se ganara la vida a todos los miembros de esa familia:

Porque si alguno no provee para los suyos, y mayor-mente para los de su casa, ha negado la fe, y es peor que un incrédulo. (1 Tim. 5:8)

Este pasaje subraya nuestra observación de que el propósito fundamental de la familia, desde la perspectiva de la humanidad, fue la supervivencia física de sus miembros. Si, desde la perspectiva de Dios, hubo un propósito adicional y superior de un negocio para proporcionar un lugar para una relación con Él, un lugar para desarrollar la fe y dar for-ma al carácter, entonces aquellos que no trabajan se niegan a sí mismos la oportunidad de interactuar con Dios . Esto es tan básico que es una prueba de hermandad para el CEO cristiano.

El significado espiritual del negocio se expan-de.

En el Antiguo Testamento, notamos que los negocios adquirían un significado espiritual. Al principio, Dios creó el trabajo, y por extensión, los negocios, como el lugar en el que interactuaría con la humanidad. Vimos que la orden de ser circuncidado quedó en manos de los empresarios. Vimos que los negocios y el mercado eran los lugares donde se ejercitaban los dones espirituales. Además, vimos que Dios eligió a los empresarios para dirigir casi cada movimiento im-portante de su pueblo.

Todo esto apunta a un significado espiritual para el ne-gocio bíblico. En el Nuevo Testamento, a ese significado espiritual se le da una inyección figurativa de esteroides.

La difusión del cristianismo en los primeros días se logró, en gran medida, a través de la conversión de casas, todos al mismo tiempo.

La Iglesia nació en el día de Pentecostés después de la resurrección de Cristo con un evento importante en Jeru-salén. La Biblia indica que más de tres mil judíos se converti-eron y bautizaron en ese primer día. Después de un período de solidificación, la Iglesia estaba lista para el siguiente paso: irse al mundo y hacer discípulos de todas las naciones.

Fue en este punto que la primacía de los negocios en la estrategia de Dios se hizo evidente. Utilizó el negocio, que ya era una entidad que proporcionaba sustento físico, pros-peridad, un sentido de identidad y un conjunto de relaciones, como la unidad celular de la Iglesia infantil.

Primero, somos testigos de un fenómeno que preparó el escenario para el patrón que continuó a lo largo de los pri-meros días de la Iglesia: el jefe de la empresa y toda la or-ganización que seguían ese liderazgo. Dios trabajó a través de las empresas para lograr su propósito.

Podemos recoger la historia en el libro de los Hechos. Los apóstoles estaban activos en y alrededor de Jerusalén, predicando las buenas nuevas de Jesús al pueblo judío. Ellos vieron el ministerio de Jesús co-mo una extensión de la forma en que Dios había trabajado con el pueblo judío. Nunca se les ocurrió que las buenas nuevas fueran compartidas con personas no judías, conocidas como los gentiles. Sin embargo, Dios tenía otros planes y señaló sus intenciones a través de una profecía. Aquí está la historia. Mientras Peter viajaba, se detuvo en una posada para comer algo y descansar un poco. Allí, él cayó en un trance y vio una visión. Mientras él está reflexionando sobre el significado de esto, al-gunos otros visitantes llegan. Son emisarios de Cornelio, un centurión romano que vivía en la zona. Antes de esto, Pedro y todos los apóstoles judíos se habrían mostrado extremadamente reacios a hablar con un gentil, especialmente con un comandante militar romano. Pero Pedro entendió entonces que su visión lo dirigía a llevar el evangelio a los gen-tiles, así como a los judíos. Entonces, él fue con los sirvientes de Cornel-io para visitar la casa del comandante romano y compartir las buenas nuevas con él. Este fue un punto de inflexión importante en la difusión del cristianismo, ya que ahora el evangelio estaba disponible para los gentiles y también para los judíos.

Pedro comparte las buenas nuevas con Cornelius, y él y su familia entera se convierten. Más tarde, Pedro les cuenta la historia a los otros apóstoles en Jerusalén. Señala que fue visitado por un ángel que le había dicho a Cornelio:

> *[Pedro] él te hablará palabras por las cuales serás salvo tú, y toda tu casa. (Hechos 11:14)*

¡Entonces, este cambio importante en el desarrollo del cristianismo se logró en la casa de un centurión romano! Y en un patrón que luego se repetirá una y otra vez, somos testigos de un fenómeno: el CEO del negocio que se con-vierte a Cristo y toda la organización luego sigue su ejemplo. Solo podemos especular sobre las razones por las que, para este importante movimiento de Dios, eligió la cabeza de un negocio bíblico para allanar el camino. Por supuesto, esto está en completa armonía con la forma en que Dios realizó los movimientos principales en su plan: elegir a un empresa-rio para dirigir casi todos los movimientos principales.

Aquí está la siguiente instancia. El apóstol Pablo y su compañero, Silas, viajaban a Filipos, la ciudad principal en el distrito de Macedonia. Allí se encontraron con Lydia, una mu-jer de negocios cuyo negocio consistía en una tela púrpura. En ese momento, ese era un producto muy caro, comprado por los ricos y los reales. Lydia era probablemente una per-sona de negocios de clase alta. Pablo le enseñó acerca de Jesús, y ella y todo su negocio se hicieron cristianos.

> *Y cuando fue bautizada, y su casa (original), nos rogó diciendo: Si habéis juzgado que yo sea fiel al Señor, en-trad en mi casa, y posad. Y nos obligó a quedarnos. (Acts 16:15)*

Aquí hay otra instancia de ese mismo patrón. Pablo y Silas son arrestados, golpeados y encarcelados. Alrededor de la medianoche, hay un terremoto milagroso, todas las puertas de la prisión se abren y las cadenas de todos están abiertas. El carcelero se despierta, ve el estado de las cosas y se prepara para suicidarse porque sabe que será responsable de los prisioneros. Pablo lo detiene y le cuenta acerca de Jesús.

> *A esa misma hora de la noche, el carcelero les lavó las heridas, y luego él y toda su familia (casa) fueron bautizados. 34 Los llevó después a su casa y les dio de comer, y él y su familia estaban muy contentos por ha-ber creído en Dios.t. (Hechos 16:33, 34)*

Y ahí está de nuevo. El patrón se repite. El CEO se convierte al cristianismo, y toda la organización lo sigue. Aquí hay otro ejemplo. Cuando llegó el momento de penetrar en la ciudad de Corinto con el evangelio, nuevamente el objetivo era un negocio. No era un asunto cualquiera sino el de Cris-pus, el líder de la sinagoga. No puedo imaginar una casa más significativa para liderar el camino.

Y Crispo, el principal de la sinagoga, creyó en el Señor con toda su casa; y muchos de los corintios, oyendo, creían y eran bautizados. (Hechos 18:8)

Les ahorraré ejemplos adicionales, ya que creo que he expresado mi punto de vista. En estos versos se tiene la sensación de que cuando un jefe de familia se convirtió al cristianismo, debido a las relaciones desarrolladas anterior-mente, toda la familia siguió el ejemplo de su cabeza. En los ejemplos citados anteriormente, estas organizaciones de personas existentes, unidas en relaciones, propósito común y proximidad física, se convierten en masa.

El negocio bíblico realmente tuvo un significado espiritual en el Nuevo Testamento.

Después de su conversión, los negocios bíbli-cos proporcionaron el núcleo de la iglesia emergente.

Pero eso no es todo. A medida que el cristianismo se movía por todo el mundo conocido, surgían pequeñas comunidades de nuevos cristianos por todas partes. Tras el acto de conversión, comenzaron a reunirse para aprender y ayudarse mutuamente. Con frecuencia, el negocio propor-cionó el lugar, la infraestructura y las relaciones que hicieron a estas comunidades efectivas. En otras palabras, a medida que la familia trabajaba junta para expandir su propia prosper-idad, ofrecía un entorno en el que las personas trabajaban juntas, se conocían y creaban relaciones entre ellas. No es necesario encontrar un lugar para reunirse: ya se estaban reuniendo en la ubicación comercial. No hay necesidad de crear líderes, ya estaban allí. No es necesario crear nuevas relaciones, ya estaban establecidas. Como organización de personas, el negocio bíblico ya estaba en marcha y fun-cionando. Ahora, el negocio comenzó a funcionar como una iglesia, así como un negocio.

Saluda a Priscila y a Aquila, mis colaboradores en Cristo Jesús, Saluda también a la iglesia de su casa. (Rom.16:3, 5)

Esta iglesia se reunió en la casa de Priscila y Aquila. La casa era donde vivía la mayoría, si no todos, de la casa. ¿Es-taba esta iglesia formada por miembros de su negocio? Lo más probable es que fuera.

Empresas Bíblicas en el Nuevo Testamento

En los siguientes pasajes, note cómo el apóstol Pablo se refiere a grupos de creyentes

> *Saludad a Apeles, aprobado en Cristo. Saludad a los de la casa de Aristóbulo. (Rom. 16:10)*
>
> *Digo esto, hermanos míos, porque algunos de la familia (casa) de Cloé me han informado que hay rivalidades en-tre ustedes. (1 Cor. 1:11)*
>
> *Bien saben que los de la familia (casa) de Estéfanas fueron los primeros convertidos de Acaya,[a] y que se han dedicado a servir a los creyentes. (1 Cor. 16:15)*

Si bien no tenemos un verso que diga: "Este negocio se transformó en una iglesia", uno se da cuenta de los pasajes mencionados anteriormente, eso es exactamente lo que sucedió.

> Dios estuvo activo en los negocios en las histo-rias del Nuevo Testamento.

¿Qué tiene esto que ver contigo?

¿Y qué? ¿Qué tiene eso que ver con su negocio o su negocio futuro hoy? No todos los negocios se convirtieron al cristianismo en masa, y no todos los negocios se convirtieron en el núcleo de una iglesia emergente. Sin embargo, muchos lo hicieron.

Esta visión de un negocio bíblico no es para todos. Sin embargo, puede haber algunos de ustedes que quieran usar sus negocios para crear un impacto más duradero que solo ganar dinero. Puede buscar un mayor grado de cumplimiento y propósito en su vida. Si es así, el lugar para mirar está den-tro de los asuntos bíblicos. Existe la posibilidad, al menos para algunos, de ir más allá de simplemente ganar dinero y brindar seguridad económica para que las personas se con-viertan en monstruos espirituales.

Si bien estamos hablando de lo que el Nuevo Testamento tiene que decir sobre las empresas, vale la pena señalar un elemento más interesante.

Dios habla de su Pueblo como miembros de su negocio.

La práctica común entre las personas interesadas en la Biblia en la cultura actual es leer la palabra traducida como "casa" en muchas traducciones contemporáneas y suponer que significa "familia". Si bien eso se siente bien, no es cor-recto. Como hemos visto, las casas son más grandes que las familias y tienen sirvientes, esclavos, empleados y niveles de administración. Una comprensión más precisa de "casas" es "negocios" o Haciendas. Ya lo hemos señalado anteriormente en este libro.

Antes de ver estos pasajes, sentí que era apropiado volver a examinar ese tema. Recuerda, cuando encontramos a Dios por primera vez, él está trabajando. Ahora, entende-mos que él tiene una empresa, un negocio en el mismo sen-tido en que hemos utilizado el término en todo el manuscrito: hay un trabajo que hacer y un

Empresas Bíblicas en el Nuevo Testamento

grupo de personas, encabe-zadas por un individuo, están organizadas para hacer eso. trabajo.

Aquí hay una forma de mirarlo. La familia de Dios con-siste en un Hijo, Jesús y un pariente, el Espíritu Santo.

Pero su familia consiste en esa familia y todos los ángeles alineados con su propósito. Y eso no es todo. Cuando los seres humanos se encuentran con Dios, algunos se com-prometen a seguir a Jesús. Entonces son "hijos adoptados" de Dios y se convierten en parte de su familia. Veamos lo que el Nuevo Testamento tiene que decir al respecto:

> *Así que ya no sois extranjeros y advenedizos, sino jun-tamente ciudadanos con los santos, y domésticos (casa) de Dios . (Efesion. 2:19)*

> *Para que si tardo, sepas cómo debes conducirte en la casa de Dios, que es la iglesia del Dios viviente, colum-na y baluarte de la verdad. (1 Tim. 3:15)*

> *Porque es tiempo de que el juicio comience por la casa de Dios; y si primero comienza por nosotros, ¿cuál será el fin de aquellos que no obedecen al evangelio de Dios? (1 Pedro. 4:17)*

Si bien hay mucha discusión sobre estas nociones, de-jemos eso para un libro religioso. Para nuestros propósitos, note cuán importantes son los negocios para Dios. En su opinión, la unidad organizativa celular no es la familia, ni la iglesia local, ni la ciudad. Es <u>la casa</u>, el negocio bíblico.

> Si eres una persona de negoci-os, deberías sentirte asombrado por el increíble potencial espiritual que existe dentro de tu negocio.

Pensando, una mirada del Capitulo…..

1. ¿Qué piensa del hecho de que en los primeros días del establecimiento del cristianismo, empresas completas se convirtieron al mismo tiempo?

2. ¿Cuáles son algunas de las ventajas de las empresas que se transforman en iglesias?

3. Compare y contraste el mandato bíblico de que los "diáconos" deben probarse a sí mismos en sus negocios con la práctica actual de sustituir "el conocimiento adquiri-do en los seminarios" por la sabiduría adquirida en un ne-gocio como calificador para el liderazgo.

Biblical Business Profile: Performance Systematix

Performance Systematix, Inc. es un fabricante de solu-ciones de embalaje que utiliza una tecnología de ventilación de alta tecnología. El negocio existe desde hace unos treinta años y ha experimentado un notable crecimiento en la última década.

Glenn, presidente de la compañía, trabaja arduamente para implementar una cultura bíblica dentro de la organi-zación. Llegó a ese lugar de una manera inusual. Glenn fue contratado como vicepresidente para abrir una división eu-ropea de la compañía. Poco después, fue abordado por uno de los empleados, quien le entregó un memorando, firmado por la mayoría de los empleados de la empresa, solicitando permiso para orar juntos por el éxito de la iniciativa europea. Glenn supo entonces que había algo especial, en un sentido espiritual, en ese negocio.

Dos años más tarde, fue nombrado presidente. En los próximos dos años y medio, el negocio se duplicó en tama-ño. "Soy un buen hombre de negocios", dice Glenn, "pero no soy tan bueno". Él atribuye el crecimiento a Dios. "Mi función es salir del camino de Dios, orar y esperar que Él se mueva dentro del negocio". Creyendo que Dios quería invo-lucrarse en el negocio, Glenn primero tuvo que invitarlo y abrirse a la participación de Dios. en el negocio. Eso signifi-caba comenzar con un compromiso con una "rendición" per-sonal. "Tuve que renunciar a mi ego personal, orar mucho y esperar en Dios. Primero tuve que estar dispuesto a escu-char y luego estar dispuesto a ser obediente "

Eso tiene un enfoque disciplinado. Glenn comienza todos los días en oración privada y luego camina por las instala-ciones, conversando con los empleados y orando por ellos y por el negocio. A menudo le preguntará a alguien que está pasando por un momento difícil si puede orar por él o ella.

Según él, "la mayor parte de nuestro aprendizaje, tanto como negocio como en lo que respecta a nuestra fe, se de-be a un tiempo de crisis. Mi trabajo es venir junto a ellos, eliminar cualquier indicio de miedo y ayudarlos a crecer ".

Esta preocupación por el bienestar de los empleados de la empresa es una de las características de identificación de los negocios bíblicos. Se expresa de alguna manera tangible en la Sistemática del rendimiento. "En más de una ocasión, hemos mantenido a alguien en la nómina por un año o más cuando no pudieron cumplir con sus obligaciones", dice Glenn. "Constantemente desafiamos a las personas a crecer, tanto espiritualmente como en su visión para los negocios".

Empresas Bíblicas en el Nuevo Testamento

Esperar que Dios trabaje en el negocio y crear oportuni-dades para el crecimiento espiritual y empresarial ha dado como resultado un progreso significativo en ambas áreas. El negocio es altamente rentable y no tiene deudas. Espir-itualmente, Glenn tiene un sentido de "el cuerpo de Cristo trabajando dentro de esta compañía". Todos los jueves a la hora del almuerzo, por ejemplo, un grupo de empleados se reúne fuera del negocio para un estudio bíblico, que está abierto a todos.

Lo que es único en la experiencia de Glenn es el hecho de que no es un propietario, sino que trabaja para un propie-tario que no comparte la profundidad del compromiso espir-itual de Glenn. El propietario le ha dado a Glenn margen de maniobra para administrar el negocio de una manera bíblica.

"Es una sabia decisión de negocios que lo haga", comentó Glenn. "Obtiene un ejecutivo que tiene integridad, que trata bien a las personas, las cuales son buenas características comerciales, independientemente de las inclinaciones espir-ituales de uno".

Y el negocio ha prosperado bajo ese enfoque. "Hacer ne-gocios a la manera de Dios es simplemente un buen negocio, independientemente de su motivación espiritual".

Capitulo 10

Un Cuadro consolidado de una Empresa Biblica

En este capítulo, juntaremos nuestras observaciones de las empresas Bíblicas en un perfil de cómo se ve y luego lo extenderemos a los negocios del siglo veintiuno.

Esto es lo que hemos aprendido hasta ahora:

1. Dios creó la tierra como un lugar para que el hombre tra-baje y eligió interactuar con él en esa obra. Eso coloca al trabajo, y, por extensión, a las empresas, muy alto en la lista de prioridades. En orden de secuencia, el trabajo es lo primero: antes que la familia, antes de la iglesia, antes de la recreación y antes de la procreación.

2. Los empresas Bíblicas son creados con un propósito. En un nivel, desde la perspectiva de la humanidad, el propósito inicial es crear seguridad económica para todos los miembros de la casa. En otro nivel, las empresas espir-ituales son el lugar que Dios ha creado para interactuar con la humanidad. La miríada de relaciones, la sensación

de ser parte de algo más grande que uno mismo, el pro-ceso de trabajar juntos, todas se combinan para crear un lugar donde la persona espiritual sensible puede desarrol-lar su espiritualidad y enriquecer su fe.

3. Tienen propósitos específicos que Dios les ha dado. Este es el trabajo para el cual se dedica el negocio: ser un lim-piador, un restaurante, un accionista, etc. En un sentido muy real, al igual que Dios le dio a Adán la tarea de nom-brar a los animales y luego decidió trabajar con él en esa tarea. así que Dios le da a las personas hoy sus tareas, sus negocios, y elige trabajar con las personas en sus ne-gocios. En un sentido más amplio, cada negocio bíblico tiene el mismo propósito mencionado anteriormente. En un sentido específico, cada negocio es único y está en-focado en un propósito que es adecuado para ello. Si tienes un negocio, cree que te lo ha dado Dios. Si desea tener un negocio, pídale que le dé el trabajo en el que se centrará el negocio.

4. Están marcados por la intensa relación entre el jefe de la empresa y los empleados dentro de ella. Esta es una de las características distintivas de las

empresas bíblicas. Los empleados, los sirvientes y los esclavos respetaban y hon-raban al jefe de la empresa, que había hecho de su priori-dad conocer y cuidar de cada uno.

5. El negocio a menudo es bendecido o maldito debido a las acciones de uno de sus miembros, especialmente el jefe del negocio. Los empleados y dueños de un negocio bí-blico realmente están en la empresa juntos. Si Dios hizo que el hombre fuera comunal y social, también le dio el lu-gar donde podría ser eso: el negocio.

6. Los negocios y las personas de negocios a menudo son recompensadas por su buen trabajo y obediencia por un aumento en la riqueza mundana y un trabajo más grande y más significativo que hacer, así como una relación más cercana con Dios.

7. Los negocios bíblicos proporcionan un lugar para el desar-rollo personal de los miembros. Casi todos los personajes principales de la Biblia, aquellos cuyas acciones tienen generaciones de impacto en la narrativa bíblica general, pasaron una parte significativa de sus vidas en los negoci-os. Esto subraya el principio de que Dios usa a las empre-

sas como el lugar principal para desarrollar las cualidades de carácter que él quiere en nosotros.

8. Los negocios bíblicos proporcionan un lugar para el ejer-cicio de la creatividad del hombre. Dios le da a la humani-dad el cargo básico de crear un mayor grado de organi-zación en su creación y luego les da a los individuos la tarea específica de usar su creatividad para crear organi-zación dentro de una sección específica de su creación. Todos los negocios pueden ser vistos como innumerables intentos de llevar nuestra creatividad a la creación de Dios para crear aún un mayor grado de organización.

9. Los negocios bíblicos proporcionan un entorno para el ejercicio de los dones espirituales. Desde el principio, a lo largo de la Biblia, los dones espirituales se dan para el bien común. El bien común se desarrolla en el mercado, donde las personas tienen trabajos, relaciones, un sentido de propósito y la oportunidad de encontrarse con Dios y desarrollarse.

10. Los negocios bíblicos emplean ciertas estrategias: preparación para contingencias, especialización,

planifi-cación de sucesiones, delegación y gestión de riesgos, por nombrar algunas.

11. Los negocios bíblicos son un campo de entrenamiento para la próxima generación. En lugar de que el negocio sea un medio para proporcionar los recursos para que los niños sean educados y desarrollados en otro lugar, los ni-ños fueron educados y desarrollados a través de sus responsabilidades en el negocio.

12. Los negocios bíblicos a menudo evolucionan de ser solo entidades económicas a convertirse en empresas con sig-nificado espiritual y, a veces, transformarse en iglesias.

Aplicandolo al Siglo 21

Echemos un vistazo a cómo podría ser un negocio bíbli-co en el siglo XXI. En este punto, asumo que usted cree en el Dios de la Biblia y quiere incorporarlo a su negocio en el sentido bíblico completo, que está interesado en realizar to-do el potencial económico y espiritual de un negocio bíblico.

Para aquellas personas que desean alcanzar el potencial completo de un negocio bíblico y se esfuerzan por agregarle el componente espiritual, así es como se vería un negocio bíblico del siglo XXI:

A Una Cabeza con devoción completo a Dios.

Desde el principio, el jefe de la empresa Bíblica tuvo una relación con Dios. La Biblia presenta una visión de que en cada época y tiempo, Dios tenía una relación especial con un grupo de personas. En el Antiguo Testamento, eran los he-breos; y en el Nuevo, fueron los discípulos de Cristo. En cualquier caso, el primer aspecto de un negocio bíblico hoy en día es que el jefe, el empresario, el propietario o el CEO, tiene una relación con Dios. En última instancia, la historia bíblica es sobre Dios que busca una relación con la humani-dad en general y con los individuos específicamente. No puedes tener una entidad espiritual si estás fuera de esa rel-ación espiritual.

Una obra que se ajusta al conjunto de dones y pa-siones de la cabeza y transmite la sensación de que fue dada específicamente por Dios.

Hay una cantidad incalculable de trabajos en los que se puede enfocar una empresa bíblica. Una vez que entiendes el concepto de los dones espirituales, puedes ver que Dios usa sus dones de habilidades e intereses para, al menos en parte, organizar el mundo del trabajo. El jefe de un negocio bíblico entiende que el trabajo que hace su negocio es un buen trabajo que Dios le ha dado. La gestión de un negocio bíblico se convierte, entonces, en un "ministerio" del más alto nivel, con el potencial de impactar las vidas de las personas en esta vida y en la siguiente. Esa comprensión del impacto espiritual de un negocio bíblico le da la oportunidad de usar los dones espirituales y las habilidades naturales que se le han dado.

Esto le da a cada negocio bíblico un sentido de la noble-za de su trabajo, así como una conexión a algo más grande y más grande que su trabajo cotidiano.

Una clara comprensión de los propósitos y límites de la empresa.

El negocio existe, al menos en un nivel, para ganar dinero. Su sede es el mercado y es sostenible por los ingresos que recibe por el trabajo que realiza.

Además, la empresa tiene una comprensión clara y articulada de su propósito y sus límites: dónde se destacará y qué no hará. Probablemente, esto tomará la forma de un conjunto escrito de declaraciones de visión, misión y valores, o un documento escrito comparable. Esos documentos y las posi-ciones que articulan se comparten de manera rutinaria y sis-temática con todas las partes interesadas en el negocio.

Una relación intensa entre la cabeza y los em-pleados.

Este es uno de esos elementos críticos que ponen a los negocios bíblicos en una liga diferente a los negocios famili-ares normales. Probablemente nunca llegue al punto en el que pueda anunciar que todos sus empleados varones serán circuncidados, pero esa es la norma a la que debe esfor-zarse.

La intensidad de la relación implica que el jefe conoce a cada empleado y a su familia. El jefe probablemente aparece en las graduaciones, bodas y funerales de esa familia, y ha cenado en sus casas, y los ha invitado a cenar en la suya.

El jefe del negocio bíblico ha demostrado su visión para los negocios y su compromiso espiritual, ha demostrado que opera bajo un conjunto más alto de estándares y, por lo tan-to, es admirado, respetado y seguido por las personas que trabajan en ese negocio.

Un sentido de responsabilidad por el bienestar de los empleados.

El jefe de un negocio bíblico reconoce que sus empleados son regalos para él, que Dios le prestó temporalmente, y por lo tanto acepta la responsabilidad de bendecir y cuidar a los empleados. Mientras que cada negocio hace esto hasta cierto punto, un negocio bíblico lo lleva a un nivel superior.

Un Cuadro consolidado de una Empresa Biblica

Una familia que se ve a sí misma como una parte in-tegral del negocio.

No todos los jefes de una empresa bíblica necesitan tener una familia; reflexionar sobre Abraham, por ejemplo. Cuando hay una familia involucrada, hay, dentro del negocio bíblico, una actitud diferente acerca del negocio en la familia y una actitud diferente acerca de la familia en el negocio.

La familia no considera al negocio como un competidor por el tiempo del jefe, sino como una extensión de la esfera de in-fluencia y responsabilidad de la familia. No es que la cabeza vaya a trabajar; es que la familia asume la responsabilidad del trabajo y ayuda de cualquier manera que pueda. Esto puede significar que el cónyuge ayuda y que todos los niños tienen roles que desempeñar, e incluso puede haber un lugar para padres, suegros y hermanos.

La gente en el negocio no considera que la familia del propietario sea una carga o una competencia por la re-sponsabilidad y los ingresos. Más bien, tienen la sensación de que "estamos juntos en esto" y también extienden esa actitud hacia su propia familia.

Un compromiso de ser guiado por los princi-pios y valores bíblicos.

Al comprender que el negocio es un regalo de Dios y un lu-gar para que Dios interactúe con los humanos, la cabeza se compromete a hacer un buen trabajo y lo hace de una manera que sigue los conceptos y valores bíblicos. Por ejemplo, la empresa, a medida que crezca, incorporará los principios de especialización y preparación para las contin-gencias y tratará con ética y honestidad a todos los in-teresados.

Una vez que todos entienden que el negocio está invo-lucrado en algo más grande y más impactante que solo ganar dinero, tomar atajos y participar en tácticas sin escrúpulos para ganar dinero simplemente no aparecen como opciones viables.

Un compromiso de ser guiado por el Espíritu Santo.

Una cosa es ser guiado por los principios bíblicos. Es otro ser guiado por el Espíritu Santo. Existe una progresión natu-ral en el crecimiento espiritual de un individuo y, por exten-sión, el negocio dirigido por ese individuo. En la etapa en que uno se guía únicamente por los principios bíblicos, la responsabilidad de las decisiones recae en el individuo cu-ando intenta incorporar los principios bíblicos al negocio. Es un estado superior de conciencia espiritual cuando el ger-ente reconoce que el negocio es de Dios y que él / ella es el administrador temporal de él. La toma de decisiones se con-vierte, entonces, en un proceso de pedir la dirección de Di-os. ¿Qué querría El que hicieras?

El negocio es exactamente lo que Dios diseñó para que sea desde el momento de la creación: un lugar donde inter-actúa con la humanidad, un puesto de avanzada del reino que penetra en las vidas de los empleados y las industrias y vendedores a los que sirve con una imagen viva y realista de Providencia y gracia de Dios.

En la práctica, esto significa que el propietario y los que eligieron unirse a él están orando regularmente por el nego-cio y todos sus interesados y buscan regularmente escuchar a Dios. Son sensibles no solo a las respuestas de Dios a sus preguntas, sino también a su liderazgo proactivo tanto en el día a día como a la dirección general del negocio.

Una comprensión de las recompensas y los cas-tigos bíblicos.

Claramente, el Dios de la Biblia bendijo a aquellos casas que persiguieron su voluntad y lo obedecieron y castigaron a los transgresores. El negocio bíblico del siglo veintiuno com-parte esa expectativa de bendición, una expectativa de que si funcionan bien y buscan continuamente conocer y obedecer las directivas de Dios, recibirán riquezas y responsabilidades adicionales. En el otro lado de la moneda, viven con un temor saludable al Señor, entendiendo que sus transgresiones de-liberadas pueden resultar en adversidad y fracaso.

Una comprensión del impacto espiritual poten-cial del negocio en la familia, los empleados, los clientes, los accionistas y otras partes.

La cabeza y, en menor medida, todos los empleados tienen una idea del impacto espiritual potencial del negocio en las personas con quienes interactúan. El negocio es, pri-mero, un medio por el cual las personas tienen ventajas económicas. Además, existe la posibilidad de que, en las rel-aciones que se forjan y el trabajo que se realiza, Dios se presente de alguna manera y toque e influya a la gente. Por lo tanto, el negocio es exactamente lo que Dios diseñó para que sea desde el momento de la creación, un lugar donde interactúa con la humanidad, un puesto de avanzada del reino que penetra en la vida de los empleados, las industrias, los vendedores y los clientes a los que sirve para vivir. Cuad-ro realista de la providencia y gracia de dios.

¿Qué pasaría si realmente creemos que la unidad famil-iar o su versión moderna, el negocio bíblico, era la unidad principal en el Reino de Dios? ¿Qué pasa si enseñamos eso desde los púlpitos y en nuestras escuelas?

Un Cuadro consolidado de una Empresa Bíblica

Supongamos que comenzamos a ver un cristianismo que reconocía el negocio bíblico como el núcleo de la iglesia universal, como la vanguardia de la estrategia de Dios para convertir al mundo y como la vanguardia de su plan para re-cuperar la creación. Si los negocios cristianos comenzaran a verse a sí mismos como esta luz especial y los dueños de negocios bíblicos comenzaran a surgir en todo el mundo, ¿qué sería diferente?

Aquí hay una lista de inicio:

1. Los propietarios de empresas cristianas se verían a sí mismos como responsables de la salud física y espiritual de sus empleados en un grado mucho mayor de lo que suele ser el caso.

2. Los propietarios de empresas cristianas se verían a sí mismos como los "pastores" de sus casas, conociendo a ca-da persona lo suficientemente cerca como para poder min-istrarlos cuando sea necesario. En aquellos negocios que han crecido más allá de la capacidad del propietario para pas-torearlos personalmente, él se asegurará de que los capel-lanes / pastores / pastores del lugar de trabajo se ocupen de él.

3. Todos tendrían una visión mucho más amplia del Reino que la proclamada desde los púlpitos de la iglesia institucion-al. El Reino no solo sería percibido como una entidad espir-itual, sino que además se vería como operando en el ámbito físico y económico, proporcionando empleos y oportunidades para las personas, y creando riqueza para todos sus componentes: propietarios, familia nuclear, familia extendida, empleados , clientes y grupos de interés de todo tipo.

4. Ser propietario y desarrollar un negocio cristiano sería visto como un ministerio único y poderoso. Es allí donde las personas pueden ser discipuladas, donde las personas más activas se activan mejor, donde la riqueza creada enriquece las vidas de todos los empleados y proporciona fondos para ayudar a los pobres.

5. A medida que los negocios cristianos surgían de debajo de los paradigmas que obstaculizan el espíritu que los habían mantenido pensando en sí mismos en términos puramente mundanos, comenzaban a verse a sí mismos como lugares para el uso de los dones espirituales y los lugares y

circun-stancias en los que Dios se presenta y cumple su función. trabajo.

6. Las empresas cristianas comenzarían a aparecer más rápidamente en todo el planeta, llevando su mensaje de mejora económica, ministerio personal y desarrollo espiritual a las comunidades de todas las naciones.

7. Los empresarios cristianos, facultados por la enseñanza en la parábola de las bolsas de oro, dejarían de pensar en sus ganancias como algo que se daría para apoyar al esta-blecimiento religioso y, en cambio, continuarían reinvirtiendo esas ganancias en el continuo crecimiento de sus negocios.

8. A medida que crecía el poder económico de los negoci-os cristianos, su influencia política seguiría. La influencia cristiana sobre los poderes políticos crecería hasta conver-tirse en la fuerza dominante.

9. El evangelio se proclamaría en todas las naciones y el Reino se extendería dondequiera que un negocio bíblico pudiera operar.

> Al desatar el espíritu empresarial en la economía, el Espíritu eventualmente penetraría en todas las industrias y, por lo tanto, en todas las clases económicas y grupos étnicos. El mundo se convertiría, primero por una opor-tunidad para la seguridad económica y la comunidad ofrecida por el empleo en un negocio bíblico, y luego por in-mersión en un estilo de vida de devoción a Jesucristo que los rodeaba en ese ambiente.

Creo que este es un elemento central en la estrategia de Dios para redimir al mundo.

Reconsiderando este capitulo...

1. De la lista de cosas que hemos aprendido sobre los ne-gocios bíblicos, ¿cuál resuena más con usted?

2. Cuando se aplica al mundo de hoy, ¿cuál de las características le atrae más? ¿Por qué?

3. Cuando consideramos las implicaciones de una rápida expansión de los negocios bíblicos, ¿cuáles de esos

4. ¿Qué otra implicación puedes ver de la rápida expansión de los negocios bíblicos?

Capitulo 11

Transformando Tu Empresa

Es posible que haya decidido que desea que su negocio sea más que una simple empresa de hacer dinero, y el modelo de negocio bíblico le atrae. ¿Cómo haces para transformar tu negocio en una fuerza para el Reino?

Teniendo en cuenta las características de un negocio bíblico del capítulo anterior, aquí hay una serie de recomendaciones para iniciativas específicas a seguir. La mayoría de estos son esfuerzos continuos que coloca en su negocio intencionalmente y luego continúa practicando con disciplina.

1. Establece una disciplina de oración.

Recuerde que Dios quiere relacionarse con usted en su trabajo y en su negocio. Necesita invitarlo a participar, no so-lo una vez, sino de manera regular y disciplinada. Y la forma de hacerlo es a través de una vida de oración sólida y en crecimiento. La oración, entonces, debe ser una parte regu-lar de sus rutinas de negocios.

Comienza con la oración personal. Muchas personas de negocios encuentran que un devocional matutino de lectura de la Biblia y oración personal es una manera poderosa de comenzar el día.

Algunos, que buscan una relación más intensa con Dios, han usado la rueda de la oración.

(www..christianchallenge.us/spfoPrayer-onehour.html) Esto resulta en una interacción de una hora con Dios. Puede comenzar una vez a la semana y agregar sesiones adicion-ales a medida que avanza.

Al mismo tiempo que establece las disciplinas person-ales de oración, considere crear rutinas de oración en su ne-gocio. Muchas personas cristianas de negocios comienzan la semana con un tiempo de oración el lunes por la mañana, con usted dirigiendo e incluyendo a cualquier persona de la organización que quiera participar. Algunos extienden eso a cada mañana.

Sin embargo, otros ofrecen un tiempo de oración sema-nal, al que todos los empleados están invitados, pero nadie está obligado. Considere desarrollar el hábito de orar por y con aquellos empleados que lo necesiten o lo soliciten. Glenn, de Performance Systematix, Inc., ha creado el hábito de caminar por el edificio todos los días, conversando con los empleados y, a menudo, preguntando si hay algo por lo que pueda orar en su nombre. Duncan en Howell Pipe Sup-ply mantiene una tarjeta de 3 X 5 para cada empleado, y reza regularmente por ellos. Muchas personas cristianas de ne-gocios comienzan cada reunión y cada evento patrocinado por una empresa con una oración.

Varios CEOs mantienen un equipo de oración, compuesto por personas que han sido reclutadas para orar por el negocio. Daron, en VFP, ha tenido un equipo de oración du-rante años. Mantengo un pequeño grupo de guerreros de oración, cada uno de los cuales reza por el negocio un día diferente de la semana. Uno el lunes, otro el martes, etc. To-dos los sábados por la mañana, envío por correo electrónico una lista de los problemas en los que estoy trabajando, los próximos desafíos y mi calendario.

Aún así, otra opción es contratar un intercesor para el negocio. Esta es una persona especialmente capacitada en disciplinas de oración, quizás incluso dotada, que conocerá bien el negocio e intercederá en su nombre en un horario metódico y regular. Durante años, he tenido una persona que ha sido un empleado pagado o un contratista.

El objetivo es llevar a Dios al negocio y a la vida de los empleados de una manera regular, real e intensa.

2. Elabora bien los documentos fundacionales.

Si va a ser un negocio que honra a Dios y respeta su propiedad del negocio, es útil decirlo en las declaraciones de visión, misión y valores de la organización. Hay un poder para verbalizar esa relación y su compromiso por es-crito, y luego publicarlo para que todos sus empleados, ac-cionistas y partes interesadas puedan verlo.

Una vez que lo dice, y luego lo escribe, está comprometido con un grado superior y luego, si no lo escribe. El acto de escribir fuerza una precisión y le permite la oportuni-dad de revisar y editar hasta que lo haga bien. Como ejem-plo, en la página siguiente están los documentos que creé en 1994.

3. Reúne un grupo de asesores.

Entiende la sabiduría de Proverbios 15:22 (NASBRE):

Los planes fallan cuando no hay alguien quien aconseja, pero tienen éxito cuando hay muchos asesores.

Este pasaje no es solo un pensamiento sabio, sino una guía específica para cada jefe de negocio. Como consultor por más de 25 años, puedo decirle que casi todas las personas de negocios están demasiado cerca de los detalles de su negocio para tener una visión clara del panorama general. Lo que es evidentemente obvio para un extraño es a menudo oscuro para quienes están dentro del negocio. Si va a construir una organización poderosa, deberá asegurarse de evitar las trampas y concentrarse en los desafíos y opor-tunidades adecuados. Y eso significa reunir a un grupo de asesores de confianza a tu alrededor.

En un extremo del espectro de posibilidades, puede tener un pequeño grupo de asesores pagados que se reúnen con usted en un horario regular (trimestral o mensual). Si eso es demasiado costoso, puede considerar uno de los grupos de la mesa redonda de CEO: C-12, Convene o Truth @ Work (con quien estoy asociado):

VISION & VALORES

> Aumentar continuamente nuestro impacto positivo en las personas y organizaciones mientras permanecemos en el centro de la dirección de Dios y reflejando su carácter.
>
> Ganacia: obtendremos un beneficio mejor que el promedio, ya que esto nos permite la flexibilidad para hacer otras cosas.
>
> Integridad: seremos honestos en todo lo que hagamos, nunca lo prometeremos en exceso, y trabajaremos celosamente para cumplir nuestros compromisos.
>
> Mente abierta: Estaremos constantemente abiertos a ideas, métodos y conceptos nuevos o diferentes de todas las fuentes, especialmente a los clientes.
>
> Aprendizaje: Valoraremos el aprendizaje individual y organi-zacional (la capacidad de captar continuamente nueva infor-mación, adquirir nuevos conocimientos y cambiar de manera positiva como resultado de esa información) como nuestra prin-cipal ventaja competitiva.

> **Humildad:** Estaremos constantemente conscientes de que los recursos que utilizamos y los clientes a los que servimos son regalos de Dios, confiados a nuestra administración temporal.
>
> **Calidad:** En todo lo que hagamos, nos esforzaremos por hacer-lo tan bien o mejor que las mejores empresas del mundo como la nuestra.

Independientemente de cuán organizado esté nuestro esfuer-zo, tenga en cuenta que el propósito es crear un grupo com-prometido de asesores, que tengan un grado de experiencia externa y que estén de su lado, haciéndole responsable por el éxito de su negocio.

4. Incluya a su familia en tu empresa.

Recuerde, la respuesta bíblica al equilibrio entre el tra-bajo y la familia es llevar a su familia al negocio. Esto puede requerir una intencionalidad cuidadosa de su parte. Puede abarcar desde compartir su día con su cónyuge a la mesa de la cena, hasta encontrar empleo para sus hijos, hermanos y suegros. Trabajar juntos en el negocio familiar lo reúne, le da un propósito superior común, proporciona un tema de con-versación y hace que todos contribuyan al mismo fin.

Muchos empresarios cristianos emplean a sus cónyuges y sus hijos. Cada uno de mis hijos, mientras crecían, tenía trabajo que hacer en el negocio. A veces era una hora a la semana más o menos en un proyecto, y otras veces era un empleo a tiempo completo. En mis días como vendedor, me llevaba a cada uno de los niños, solo, a un día conmigo du-rante el verano. Ellos se disfrazarían y entrarían en cada llamada de ventas conmigo. Almorzaríamos juntos y hablaríamos sobre cómo fue cada llamada. Es un buen recuerdo para todos nosotros.

5. Intencionalmente trabajar en la formación de una cultu-ra.

La cultura corporativa se desarrolla con el tiempo, y muy a menudo por casualidad. Tienes la oportunidad de crear tu cultura por diseño. Reflexiona sobre lo que deseas crear y comienza intencionalmente a encontrar historias y ejemplos que ilustren esas. A medida que se encuentre con un evento o una historia que ilustra un aspecto de la cultura que desea, repita la historia y enfatice la lección que enseña.

Existe una gran cantidad de sabiduría e información so-bre la cultura corporativa y cómo crear una cultura que refleje sus valores. Tómalo en serio y profundízalo.

Una parte clave de una cultura empresarial bíblica es la relación increíblemente estrecha entre la cabeza y otros miembros de la organización. Esto requiere trabajo de tu parte. Podría comenzar con un seguimiento de cada empleado, como lo hace Duncan, caminando y orando por ellos, como Glenn, o invirtiendo tiempo y energía en uno, como Daron. (Consulte los Perfiles de negocios bíblicos en este libro) Sin duda, esto implicaría tratar intencionalmente de conocer mejor a cada empleado, de ser una parte más importante de su vida asistiendo a bodas, funerales y gradu-aciones.

Tu objetivo es crear una relación tan fuerte con tu equi-po que te respetarán y te seguirán casi a cualquier lugar al que quieras ir.

6. Siempre esforzando para mejorar la empre-sa.

El descuidar y no mejorar un negocio bíblico, no es una opción. Necesitas hacer un buen trabajo. Y la definición de eso, en la economía cambiante de hoy, cambia continuamen-te.

Eso significa, desde una perspectiva muy práctica, que necesita mejorar continuamente su producto o servicio, sus sistemas y su tecnología y herramientas para mantenerse al día o por delante de la masa del mercado. Esto requiere un compromiso de su parte y una apertura activa para buscar lo mejor para sus ofertas.

7. Sea sensible a las oportunidades para crecer en tamaño e influencia.

Comprenda que la recompensa bíblica por ser obedi-ente y hacer negocios bien es una mayor responsabilidad y una relación más cercana con Dios. Eso generalmente significa un negocio más grande.

Cuantos más clientes, empleados, proveedores y partes interesadas tenga, más influencia tendrá. Cuanta más influ-encia tenga, mayor será la oportunidad de canalizar la gracia de Dios, la seguridad económica y las conexiones espiritu-ales.

Ponga en práctica algunos procesos y procedimientos para reconocer las oportunidades de crecimiento que se presenten en su camino. Si Dios quiere bendecir su obediencia y buen trabajo con una oportunidad más grande y más clientes, no querrá perderse porque no lo esperaba.

8. Anime a otros a agregar al movimiento.

Una forma de retribuir y difundir su influencia es buscar activamente oportunidades para guiar y alentar a otros. A medida que críe a las personas, considere liberarlas a una oportunidad para desarrollar su propio negocio bíblico (las compañías de Innogroup proporcionan un excelente modelo).

Presentar en colegios y escuelas secundarias, educar pasantes, compartir sus opiniones con otros en asociaciones y reuniones de la industria, son formas de difundir el men-saje. Nunca se sabe quién en su audiencia puede conver-tirse en un empresario de negocios bíblico.

Si desea profundizar en estas prácticas, revise el Curso de Negocios Bíblicos aquí:

thesalesresourcecenter.com/the-biblical-business-course

Reconsiderando este capitulo...

1. ¿Cuál de las disciplinas de oración descritas podría verse implementándose pronto en su negocio?

2. ¿Cuáles son las ventajas y desventajas de comprome-terse a ser un negocio del Reino en papel, en su visión, mis-ión y declaración de valores?

3. Cómo te ves reuniendo a un grupo de asesores?

4. ¿Qué podría hacer específicamente para que su familia entrara en el negocio?

5. ¿En qué prácticas podrías involucrarte en eso que con-struye una cultura organizacional?

6. ¿Qué podrías hacer para mejorar continuamente?

7. Cómo podría ser sensible a las oportunidades para au-mentar el tamaño y la influencia de su negocio?

8. **¿Cómo podrías animar a otros a agregar al movimiento?**

Capitulo 12

Implicaciones de Familias

Mucho se dice en estos días acerca de la familia como la unidad celular de la organización social. Sin embargo, en la Biblia, ¡la familia no es tan predominante como el negocio!

La idea de que nuestras familias son nuestra más alta prioridad terrenal es uno de esos paradigmas que son universalmente aceptados. ¿Quién puede discutir con eso? Es-cuchamos a la gente decir: "Dios primero, luego la familia". Nuestros hijos se han convertido en el centro de nuestras vidas, y nuestras vidas giran en torno a ellos. Imágenes de ellos e historias sobre ellos abruman a nuestras redes social-es. Muchas personas incluso sustituyen las fotos de sus hi-jos en sus perfiles de redes sociales. Programamos prácticas de fútbol, prácticas musicales y una gran variedad de activid-ades diseñadas para ayudarles a alcanzar su potencial. Los padres los cargan de un evento u otro hasta tal punto que la situación ha generado el término "mamá de fútbol".

Muchos padres aceptan la idea de que necesitan proporcionarles una educación universitaria, y esa necesidad dicta muchas decisiones en sus vidas. El mantra de "Dios primero, familia en segundo lugar" es el tema de sermones desde el púlpito y conversaciones en torno al enfriador de agua. ¿Quién podría cuestionarlo?

Antes de profundizar más en el tema, es útil que se nos recuerde un principio básico: la Biblia deja claro que Dios no piensa de la manera en que lo hacemos. Ese principio es un principio fundamental para entender la Biblia y surge por todas partes. Probablemente el contenido más claro de esa idea está contenido en el libro de Isaías.

Isaías fue un profeta que, entre otras cosas, predijo la venida del Mesías, Jesucristo. Los profetas eran un grupo especial de personas que aparecían de vez en cuando en la historia hebrea y que reclamaban una habilidad especial para escuchar directamente de Dios. Sus escritos están llenos de comentarios que atribuyen las palabras en ellos directamente a Dios.

El pasaje a continuación es solo uno de un número múltiple que hace la misma reclamación:

"Porque mis pensamientos no son vuestros pen-samientos, ni vuestros caminos mis caminos, di-jo Jehová. (Isa. 55:8)

En otras palabras, es probable que en muchas cosas, lo que pensamos que es bueno y apropiado no sea lo que

Implicaciones de Familias

Dios piensa. A menudo hay una diferencia entre lo que el hombre cree y valora y lo que la Biblia revela acerca de lo que Dios valora.

¿Podría ser eso una parte de nuestra comprensión de la importancia de las familias?

Cuando la Biblia habla de familias, casi siempre usa el término en referencia a la línea de sangre. Hay un ejemplo en este registro de la maquinación de las hijas de Lot. Recuerdas la historia de Sodoma y Gomorra, dos ciudades destruidas por Dios por su iniquidad. Lot y sus dos hijas, ayudados por ángeles, escapan de la destrucción y luego se esconden en una cueva. La vida es aburrida y solitaria para las hijas de Lot, que, desesperadas por encontrar un marido, deciden un camino diferente para tener hijos. La Biblia regis-tra la conversación:

> *Ven, demos a beber vino a nuestro padre, y durmamos con él, y conservaremos de nuestro padre descenden-cia. (Gen. 19:32, italics added)*

Si bien hay mucho de qué hablar en este verso, lo que es pertinente para nuestra discusión es el uso de "familia" para indicar la línea de sangre.

Cuando la Biblia se refiere a lo que llamamos la familia ex-tendida, se usa la palabra "casa". Como hemos visto, la casa es una unidad más grande, compuesta por familiares, sirvien-tes, esclavos y empleados. La casa es un negocio, no una familia.

Entonces, la Biblia rara vez habla sobre las familias, en nuestro sentido de la palabra. Más bien, la Biblia habla de casas. Recuerde, una casa es un grupo mucho más grande, un negocio, que consiste en la familia nuclear, la familia ex-tendida y los sirvientes, esclavos y empleados asociados con el negocio.

Súmelo todo, y debe quedar claro que es la familia incluye la casa —la empresa familiar— la unidad celular de la socie-dad en la perspectiva bíblica. Las familias nucleares, como nos gusta pensar en ellas, no eran tan importantes para Dios como la casa.

Me doy cuenta de que es un concepto difícil para muchos de nosotros. Escuchamos el mensaje de "familia primero" de todo tipo de fuentes, una y otra vez. ¿Podría ser que la Biblia realmente presenta un concepto de negocio primero?

¿Hay algún indicio, en algún lugar de la Biblia, de que el jefe de familia tuviera una mayor responsabilidad con sus hijos que con sus sirvientes y empleados?

Solo suspendamos un momento nuestras nociones pre-concebidas y consideremos las implicaciones. ¿Qué pasaría si cambiamos nuestro pensamiento y, en lugar de pensar en nuestra familia, comenzamos a pensar con respecto a nues-tros negocios?

Implicaciones de Familias

En la sociedad occidental, los niños a menudo se convierten en el foco de las energías de los padres y abuelos. ¿Qué pasaría si la supervivencia y la prosperidad del hogar fueran de mayor valor y se considerara que los niños tienen la responsabilidad de contribuir a ese propósito? ¿Crecerían nuestros hijos para ser más responsables, más sensibles a los demás y más realistas conscientes de su lugar en el mundo?

Uno de los conflictos más conmovedores que nos afligen es el desafío de equilibrar el tiempo entre la familia y el traba-jo. Esto es particularmente cierto para los propietarios de pequeñas empresas. Fácilmente podrían poner veinticuatro horas al día en el negocio. Sin embargo, cada hora que se pasa en el negocio es una hora que se pasa fuera de la fa-milia, un caso hecho apasionadamente por sus cónyuges y familias. Por otro lado, el negocio no sobrevivirá ni pros-perará sin la atención directa del propietario. Por lo tanto, gran parte de la vida del propietario de una pequeña empre-sa se dedica a manejar un conflicto fundamental.

No hay un empresario que no haya sentido ese conflicto. Se han escrito varios libros sobre el tema y abundan las pub-licaciones de blog con soluciones. Es difícil no sentirse cul-pable por las demandas que el negocio les impone. Parece que o bien privan a su familia de un tiempo precioso o le roban al negocio su aporte.

Pero ¿y si nos equivocamos? ¿Y si la solución fuera ambas cosas, no una o la otra? Creo que esa es exactamente la situación que ofrece la familia bíblica. Recuerde, un hogar es un conglomerado de personas que a menudo, pero no siem-pre, se centran alrededor de la familia central, que están in-volucradas en algunos negocios. Administran y crean riqueza para el hogar con el objetivo de brindar prosperidad a todos los involucrados, no solo por hoy, sino también por las gen-eraciones futuras. Los negocios bíblicos son el lugar para que Dios interactúe con su pueblo, para que se desarrolle la fe y para que se forme el carácter. ¿Y no es eso lo que queremos para nuestros hijos? Si pudiéramos lograr eso, ¿no seríamos grandes padres?

La familia brindó la oportunidad de que la familia se com-prometiera en una búsqueda conjunta. En otras palabras, el negocio no estaba divorciado de la familia, sino que era algo que la familia hacía juntos. Estaban íntimamente entrelaza-dos.

La sabiduría convencional nos insta a asignar nuestro tiempo entre nuestra familia y nuestro negocio. La Biblia no conoce tal distinción. ¡El enfoque bíblico es traer a su familia al negocio!

Implicaciones de Familias

> En lugar de asignar su tiempo entre su familia y su negocio, déjese guiar por el ejemplo bíblico y haga que su familia participe en el negocio.

Ahora imagine cómo sería nuestra sociedad si pudiéramos multiplicar el número de negocios bíblicos por un factor de diez. Se produciría un impacto inmediato en las familias y en la sociedad en general. El sentido de derecho que vemos como una característica de quienes ingresan a la fuerza la-boral hoy en día se eliminaría, al menos en las familias de negocios bíblicos. Los niños respetarían el trabajo y en-tenderían su responsabilidad de contribuir al bienestar de la empresa. El impacto de los negocios bíblicos disminuiría los problemas de adolescentes de los embarazos fuera del mat-rimonio, el abuso del alcohol y las sustancias y el compor-tamiento irresponsable.

Si tuviéramos que multiplicar el número de negocios bíbli-cos y cambiar la actitud hacia ellos, haríamos todo lo posible por resolver los problemas familiares que son epidémicos en este país.

Pensando bien, este capitulo...

1. ¿En qué medida está de acuerdo con la afirmación de que la so-ciedad moderna mantiene a las familias en primer lugar, pero los pa-trones

bíblicos mantienen a las empresas como una prioridad más alta?

2. Si tuviéramos que agitar una varita mágica y crear diez veces más negocios bíblicos, ¿cómo se verían afectadas las familias en esta socie-dad?

3. ¿Hasta qué punto la visión actual de "las familias pri-mero, las empresas no son importantes" amplía la posición del establecimiento religioso y degrada la posición de las empresas bíblicas?

Perfil Empresario Biblico Home Coders

Home Coders es la compañía de Josh Roley en la que encuentra desarrolladores de software que quieren trabajar desde casa y los empareja con los empleadores que los con-tratan. A veces, el empleador contrata al desarrollador, y Josh hace un porcentaje de la transacción, y otras veces tra-bajan con el desarrollador en una base de contrato a contra-to. Utilizando Malaquías 4: 6 como su enfoque, Josh siente que está haciendo un buen trabajo y también proporciona un buen ingreso para su hogar. Este negocio de inicio requiere aproximadamente la mitad del tiempo de Josh y proporciona más de la mitad de sus ingresos.

Un segundo flujo de ingresos proviene de su trabajo como vendedor en el hogar para un negocio dirigido por uno de sus amigos. Esta empresa vende bombas recíprocas a un mercado nacional a través de Internet y por teléfono. Josh trabaja desde su oficina doméstica como contratista para este negocio, y proporciona casi la mitad de sus ingresos y un poco menos de la mitad de su tiempo.

Además, tiene un pequeño flujo de ingresos del trabajo de ventas de comisiones para un ex empleador. Pasa uno o dos días al mes cultivando las relaciones que creó en su tra-bajo anterior, y le proporciona un pequeño porcentaje de sus ingresos. El flujo final de ingresos proviene de proyectos que la familia crea y que involucran intencionalmente a los hijos de Josh. Tiene seis hijos, desde los cinco meses hasta los once, y está comprometido a desarrollar un espíritu em-presarial en ellos. La familia crió perros, por ejemplo, y cada uno de los niños mayores tomó la decisión de invertir cincuenta dólares en una cuota de estudios. Cada uno de ellos sacó $ 350 del proyecto y tenía responsabilidades para ayudar a cuidar a los animales. La familia ha pagado a al-gunos vecinos amish para criar ganado alimentado con pasto y luego los vende por trimestre. El siguiente paso en este proyecto es criar uno o dos novillos por su cuenta.

Esta combinación de flujos de ingresos basados en el hogar y la familia proporciona a la familia un ingreso anual de seis cifras.

Desarrollar el sentido económico en sus hijos es algo por lo que Josh y Shane, su esposa, son apasionados. Cada niño tiene una cuenta bancaria y está orientado a realizar in-versiones que les brindan un rendimiento potencial. El nego-cio de la cría de perros es un ejemplo de ello, como lo es el ganado alimentado con pasto. Este año, los niños están cre-ando un huerto y la familia les comprará los vegetales a pre-cios de mercado.

Implicaciones de Familias

Josh tiene la visión de que sus hijos podrán comprar sus propios hogares, por dinero en efectivo sin deuda, para cu-ando cada uno esté casado. "El hogar" tiene una gran parte de la visión de Josh sobre cómo vivir una vida cristiana en estos tiempos. Tanto él como Shane eran buenos niños de la iglesia mientras crecían, asistían a escuelas públicas y a una universidad cristiana. Fue una crianza bastante convencional. Él cuenta cómo el Señor lo llevó a este puesto a través de la enfermedad de su esposa. Justo antes de su matrimonio, a Shane se le diagnosticó una enfermedad del tejido conectivo potencialmente mortal. El pronóstico de los médicos fue de veinte años de medicación, esterilidad y muerte temprana. Ella hizo algunas investigaciones y decidió cambiar radi-calmente su dieta; y dentro de seis meses, ella fue sanada.

Si la sabiduría convencional estaba tan lejos de la verdad en este caso, razonaron, ¿qué pasa con otras áreas de la vida? ¿Qué otra bendición podrían faltar si compran sin pen-sar los sistemas y paradigmas del mundo?

Armados con la búsqueda de encontrar la verdad de Di-os para sus vidas, Josh y Shane se han dado cuenta de que "hay algo terriblemente roto en la forma en que los cristianos viven hoy".

Han llegado a:
- Una empresa, la casa como el base para Josh.

- Homeschooling, estudios en casa para los hijos.
- Hacemos reuniones de Iglesia en la casa.

Josh reflexiona sobre la participación íntima que Dios ha tenido en sus vidas y el papel que han tomado sus decisiones en la construcción de la fe de la familia. Tener seis hijos, por ejemplo, requiere una fe creciente en Dios y la voluntad de confiar en él. "Necesitas un gran Dios de tu lado para proveernos", reflexiona Josh. Él cuenta cómo el Señor los ha guiado en el camino. Un caso dramático ocurrió cuan-do Shane quería mudarse cerca de su familia. Después de un tiempo de oración y búsqueda de la voluntad del Señor, sintieron que el Señor les estaba ordenando que se mudaran a Deerfield. Al querer ser obedientes, pusieron su casa en venta, Josh avisó a su empleador y la familia comenzó a bus-car una casa en Deerfield, Michigan, cerca de los padres de Shane. Puerta tras puerta se cerraron en su intento de mov-erse, y finalmente, se dieron por vencidos, pensando que tal vez habían malinterpretado la dirección del Señor.

Un año más tarde, los llevaron a comprar la casa que ahora tienen, en el municipio de Deerfield. No tenían idea de que había un municipio de Deerfield en el oeste de Michi-gan. En el otoño de 2008, en medio de las crisis de vivienda, vendieron su casa en siete días y compraron su casa actual: tres acres, cuatro mil pies cuadrados, un hogar perfecto para criar a seis hijos y en medio de la región Amish .

"No puedes planear tu camino hacia el favor y la gracia de Dios", dice Josh.

Josh y Shane son aprendices continuos. Josh está constantemente leyendo libros, escuchando podcasts e interac-tuando con sitios web para mejorar sus habilidades y concep-tos de negocios. Josh tuvo un mentor durante aproximad-amente un año y fue miembro de una mesa redonda ejecuti-va cristiana, donde estuvo rodeado de empresarios cristianos que lo responsabilizaron y brindaron un grupo de apoyo. Josh relata cómo aprovechó una oportunidad de negocio pa-ra el grupo y la sabiduría reunida no fue para perseguirla. Josh le da crédito a ese consejo por ahorrarle miles de dólares y muchos dolores de cabeza.

Un interesante complemento de los esfuerzos de Josh por construir una casa que honra a Dios es la participación de la familia en una iglesia en casa. Cuatro familias se reúnen, a menudo en la casa de Josh.

Como es típico de las iglesias en el hogar, no hay posiciones, programas ni declaraciones doctrinales. Las fami-lias se reúnen, cenan juntas, oran, cantan y comparten una reunión fluida y sin guiones que se aproxima a la enseñanza de Pablo en 1 Corintios 14:26. Su enfoque es "estimularse unos a otros hacia el amor y las buenas obras" (Hebreos 10:24).

Capitulo 13

Empresas Biblicas, Tu, La Economia, y La Cultura

¿Cómo sería tu propia situación económica personal si fueras a desarrollar una empresa familiar cristiana en la línea de la familia bíblica? ¿Cómo sería la economía nacional si proliferaran los negocios bíblicos? Pensemos en cada uno de estos en el orden en que los hemos anotado. ¿Cómo sería si tuvieras un negocio cristiano?

Sería, ante todo, cristiano. Eso significa que, en primer lugar, tendrías una relación con Cristo y que estarías firmemente fundamentado en esa relación. Tanto usted (in-dividualmente) como su empresa (corporativamente) traerían regularmente asuntos a Dios en oración y buscarían su di-rección a través de las Escrituras, así como a través de la participación activa del Espíritu Santo. El desafío de crear un negocio sostenible involucraría a toda la familia, propor-cionando un propósito grupal, un tema de conversación y una identidad para todo el grupo. Usted estaría agregando una nueva dimensión a las reuniones familiares, la oración y el tiempo de estudio bíblico. Tu enfoque ahora sería más grande y más "impulsado por otros" que antes.

Buscaría enseñanza bíblica y maestros que podrían acla-rar sus desafíos y brindarle orientación sobre todos los prob-lemas que enfrentaría: financiamiento, ventas, sistemas op-erativos, relaciones con proveedores, mercadeo, recursos humanos, etc. En lugar de solo ir a la iglesia y esperando que el pastor lo alimente espiritualmente, tendría una necesidad apremiante de aprender específicamente lo que la Palabra podría decirle acerca de las situaciones a medida que surgieron. Sería proactivo y se enfocaría en la participación de usted y su familia en la Biblia.

Comprenderías los usos del dinero y buscarías maneras de bendecir a aquellos que son menos bendecidos financi-eramente que tú. El negocio brindaría muchas oportunidades para discutir y bendecir a los destinatarios y las causas a las que fue dirigido.

En segundo lugar, el negocio sería un negocio familiar. Eso significa que cada miembro de la familia que pudiera tendría un papel en el negocio. El negocio sería un me-canismo para enseñar ética de trabajo, responsabilidad, rela-ciones, ética, etc., como ningún otro. El crecimiento del ne-gocio, tanto en términos económicos como de influencia cris-tiana, sería una expectativa importante para toda la familia.

El negocio crearía una expectativa y un entorno en el que los niños pudieran tener una idea de algo más grande que ellos mismos y una responsabilidad más allá de ellos mismos. La probabilidad de que se involucren en el abuso de sustancias, el sexo casual y otras enfermedades de la ado-lescencia en este país se reduciría drásticamente. Los miem-bros mayores de la familia encontrarían un lugar para aplicar su sabiduría e ideas. En lugar de pasar el tiempo en una in-stalación, se espera que aporten valor a la organización.

Como jefe de familia, serías desafiado de una manera mayor para crecer espiritualmente, tomar decisiones sabias para el bien de cada miembro y liderar el ensamblaje espir-itualmente. Tu crecimiento espiritual más rápido aumentaría tu percepción de tus responsabilidades y te convertirías en un pastor de tus empleados. Comenzarías influyendo en ellos con tu relación con Dios y progresarás para pastore-arlos. Usted se vería a sí mismo como el pastor de su reba-ño: los miembros de la familia, los empleados, los proveedores y los clientes que interactuarían con usted.

Finalmente, sería un negocio, no un esfuerzo de misión. El propósito sería primero crear la supervivencia económica para la familia y luego la prosperidad para el hogar al propor-cionar bienes y servicios valiosos a sus clientes. Su negocio se enfocará en generar ganancias y luego invertir esas ganancias en su propio crecimiento, en los miembros individ-uales del hogar y en individuos y organizaciones que el Es-píritu Santo le haya llamado la atención. Tu negocio sería un medio para recuperar la creación física del Reino, en la línea del frente de la batalla para establecer a Cristo en cada rincón y grieta de esta creación. Usted pensaría, no en términos de "Negocios como Misión", sino que su negocio era un ministerio - "Negocios es Ministerio".

El Impacto en la economia general

Ahora considere miles de negocios bíblicos que brotan en todo el país y proliferan en todo el mundo. Específica-mente, ¿qué pasaría si pudiéramos multiplicar el número de negocios bíblicos por un múltiplo de diez en los próximos diez años? ¿Cuál sería el impacto?

En cada industria, geografía y grupo de personas, la proliferación de los negocios cristianos traería sal y luz a la oscuridad. Al establecer estándares de integridad, pre-ocupación por los seres humanos y conducta ética, las em-presas cristianas atraerían la atención de personas de todos los ámbitos: políticos, inversores, clientes, proveedores y vecinos.

Las empresas cristianas se establecerían primero en el área que concierne principalmente a todo ser humano: el mundo físico de la comida, la ropa y el refugio. Serían un faro para todos los que tocaron. Como aquellos en sus esferas de influencia vieron la espiritualidad que produjo la or-ganización y sus prácticas, se sentirían atraídos por la fuente: Jesucristo.

La iglesia mundial crecería tanto en números, como el estilo de vida se volvió atractivo para las personas, y en pro-fundidad y madurez. Los nuevos conversos, en lugar de quedarse solos, ya habrían estado rodeados de modelos a seguir, mentores y líderes en los negocios bíblicos que los emplearon. Crecerían en su fe al interactuar con los que los rodeaban.

Las economías se estabilizarían y crecerían. Debido a que los jefes de familia se guiarían por las Escrituras, utilizarían la deuda mucho menos que sus cohortes no cristianos, lo que los amortiguaría de los impactos más dramáticos del ciclo económico de altibajos. Verdaderamente serían faros de luz en la oscuridad.

La cultura se vería impactada. Así como el movimiento por los derechos de los homosexuales, una pequeña minoría de personas movilizada, pudo cambiar las percepciones cul-turales en unos diez años, las empresas cristianas, un grupo mucho más grande, podrían afectar las percepciones cul-turales de Jesucristo y el Reino de Dios. El cristianismo ya no sería percibido como una iglesia institucional; más bien sería sobre la realidad del Reino tocando a las personas donde vivían.

Cristo ganaría influencia. Las empresas cristianas afecta-rían a las personas primero económicamente a través de un trabajo o transacciones basadas en la ética cristiana. Luego, afectarían socialmente a la cultura, ya que su ética y el en-foque en Cristo atraían a las personas a su estilo de vida. A medida que la influencia de estos negocios se expandiera, la cultura sería sazonada con la sal del Reino. Los pasajes que nos ordenan que seamos sal y luz en el mundo adquirirían un nuevo nivel de significado y significado.

Así como lo hizo en la primera generación después de la resurrección, el cristianismo, expresándose a través de las empresas, se evidenciaría como un estilo de vida alternativo. Pero en un mundo caracterizado por la oscuridad y la con-fusión, ese estilo de vida alternativo sería atractivo y crecería hasta que impactara en la cultura, trayendo la luz de Dios al mundo.

No hay un problema social hoy en día que no pueda ser aliviado significativamente por la cultura y el estilo de vida de los negocios cristianos. Podría ser la solución a nuestros problemas económicos y culturales más apremiantes.

No habría espacio para el abuso de sustancias, por ejemplo, ya que disminuye la capacidad del empleado para desempeñarse.

Los niños, que en la cultura occidental de hoy a menudo son vistos como pasivos económicos, tienen poca responsabilidad de contribuir a la familia. A menudo llegan a la edad adulta con un poco de sentido de propósito, un título universitario y una enorme deuda de préstamos estudiantiles. En la cultura del hogar, se esperaría que contribuyeran al negocio, obteniendo así un sentido de logro, autoestima, identidad y propósito que se destaque. En el proceso, obtendrán conocimientos y habilidades que les servirán a ellos y al negocio en el futuro.

La pobreza y la falta de vivienda serían impactadas por las generosas donaciones y la caridad enfocada de la familia liderada por el Espíritu.

> La proliferación de empresas cristianas, la estrategia de la primacía empresarial de Dios, es una parte importante del plan de Dios para la restauración de una economía mundial estable.

Reconsiderando este Capítulo

1. Piense en lo que le gustaría si fuera a dirigir o tener una responsabilidad significativa en un negocio cristiano.

2. ¿Cuál de las implicaciones para la economía que se discutieron en este capítulo resuena con usted?

3. ¿Qué otras implicaciones anticipas?

Capitulo 14

Que Nos Impide?

Cuando considera todos los beneficios positivos que vienen con los negocios bíblicos y agrega eso al peso abrumador de la evidencia bíblica para ellos, algunas pregun-tas vienen a la mente:

¿Por qué no hemos cambiado el mundo al proliferar los negocios bíblicos?

¿Por qué es este concepto, que un negocio puede ser una fuerza para el Reino y fue diseñado por Dios para ser el impulso principal para redimir la creación, tan extraño para muchos de nosotros?

¿Por qué hay miles de cristianos en las empresas que no se ven involucrados con una entidad espiritual? En este capítulo, voy a sugerir algunas respuestas.

Primero, establezcamos tres principios:

1. Dios no ve las cosas como las vemos.

El profeta Isaias dijo:

"Porque mis pensamientos no son vuestros pensamien-tos, ni vuestros caminos mis caminos, dijo Jehová." (Isa. 55:8–9)

Vemos este principio en la Biblia una y otra vez. Uno de los ejemplos más conmovedores fue el llamado de los hebreos a un rey. Aquí está el escenario: los hebreos se habían asentado en la tierra prometida, y Dios había establecido un sistema de gobierno construido alrededor de pro-fetas y jueces. Con estos dos grupos de personas en una relación regu-lar con Dios, no había necesidad de un sistema humano de gobierno. Pero los hebreos querían ser como aquellos que los rodeaban, gober-nados por reyes. Ellos clamaban por un rey. Dios finalmente cede y se-lecciona a Saúl como el primer rey. No fue su primera opción. Él le dice al profeta Samuel: "No es a ti a quien han rechazado como a su rey, soy a mí" (1 Samuel 8: 7).

Algunos buenos, desde una perspectiva humana, surgieron de la in-stitución de un sistema de reyes. Los israelitas derrotaron a sus enemi-gos en la batalla, el poder estaba centralizado alrededor del rey, y bajo Salomón, el estado israelita logró una gran prosperidad e influencia.

Sin embargo, en el panorama general, los resultados fueron devas-tadores. El pueblo israelí perdió su confianza en los profetas y jueces y, por lo tanto, se alejó más de Dios. Su enfoque a menudo se desvió de las cosas de Dios a los asuntos mundanos. Las luchas de poder y la corrupción moral se convirtieron en algo común. Los reyes llevaron a la nación a la idolatría en numerosas ocasiones. La mayoría de los reyes eran corruptos. Y la institución del gobierno de los reyes llevó a la di-visión en dos reinos y, finalmente, a la pérdida de las diez tribus.

Se lo perdieron. En lugar de seguir el sistema simple y directo que Dios había creado para ellos, los israelitas construyeron un sistema mundano de instituciones y personas poderosas. Esa fue su caída. Perdieron el plan de Dios para ellos y sustituyeron una institución hecha por el hombre en su lugar.

2. Nuestras ideas, particularmente nuestras creencias fundamentales y profundamente arraigadas, a menudo llamadas paradigmas, dan forma y dictan nuestro comportamiento.

El ejemplo clásico de esto fue la creencia de la Edad Media (profundamente arraigada, aceptada universalmente) de que el mundo era plano. Como el mundo era plano, o eso se creía, no había razón para intentar navegar alrededor de él. Millones de personas quedaron encadenados por esta creencia, y la tentación de explorar los límites de la creación se vio obstaculizada por este falso paradigma. Tomó a Colón y su viaje épico para revelar el falso paradigma.

Aunque no son tan dramáticos, todos tenemos ideas y paradigmas que influyen y dan forma a nuestro compor-tamiento. Algunos de estos son individuales, mientras que otros son comúnmente mantenidos por comunidades de per-sonas. Es más fácil señalar los falsos paradigmas en otras culturas, grupos de personas y otros individuos que reconocerlos en nosotros mismos. Nuestros paradigmas per-sonales se sostienen tan profundamente que operan en el nivel subconsciente, influyendo en nuestro comportamiento y actitudes sin que siquiera nos demos cuenta de ellos. En-tonces, es totalmente posible, incluso probable, que todos nosotros tengamos algunos paradigmas falsos y dañinos que acechan en lo profundo de nuestras mentes y almas e in-fluyan en nuestras actitudes y comportamientos de manera que en última instancia son perjudiciales para nuestra salud espiritual, tanto individualmente como en la comunidad.

> Entonces, es totalmente posible, incluso probable, que casi todos nosotros tengamos algunos paradigmas falsos y dañinos que acechan en lo profundo de nuestras mentes y almas e influyan en nuestras actitudes y comportamientos de manera que en última instancia son perjudiciales para nuestra salud espiritual, tanto individual como en la comunidad.

3. Una imagen de cómo obstaculizamos al Espíritu Santo.

Hace algunos años, me dieron esta imagen de cómo nuestras ideas y paradigmas pueden obstaculizar nuestra comprensión de los planes de Dios para nosotros.

Que Nos Impide?

Imagina una luz brillante y poderosa en forma de globo. Eso es como el poder del Espíritu Santo dentro de nosotros, iluminando nuestra comprensión, eliminando nuestros falsos paradigmas y operando poderosamente dentro de nuestra vida. Ahora construya el marco de un cuadro alrededor del globo para que cada uno de los lados esté enmarcado con el contorno de un rectángulo. Ese marco es como nuestros cuerpos físicos en los que reside el globo, el Espíritu Santo.

Ahora toma una pantalla, como la que colocas en las ventanas para evitar los errores. Y clavalo sobre un lado de ese marco. Notarás que la pantalla dificulta un poco la luz. Todavía brilla, pero no tan brillante. Ahora, coloque varias pantallas, una encima de la otra, sobre todos los lados ex-puestos del marco, hasta que la luz interior no pueda pene-trar en las múltiples capas de pantallas y se oscurezca. Esas pantallas múltiples son los falsos paradigmas que grad-ualmente adquirimos y que sirven para impedir el poder del Espíritu Santo en nuestras vidas. Ninguno de ellos es lo sufi-cientemente poderoso como para apagar la luz, pero cuando se aplica un número una y otra vez, la suma total mantiene la luz dentro de la caja.

Ahora regresamos a las preguntas.

¿Por qué no hemos cambiado el mundo al pro-liferar los negocios bíblicos?

¿Por qué es este concepto, que un negocio puede ser una fuerza para el Reino y, de hecho, fue diseñado por Dios para ser el impulso principal para redimir la creación, tan ex-traño para muchos de nosotros?

¿Por qué hay miles de cristianos en las empresas que no se ven involucrados con una entidad espiritual?

La respuesta es la siguiente. Hemos permitido que algunos falsos paradigmas excluyan la verdad de la enseñanza bíblica sobre las empresas, ya que hemos optado por seguir las ideas creadas por el hombre en lugar de la verdad po-derosa que enseña la Biblia. Hemos reunido toda una serie de ideas errantes, hechas por el hombre, que han encajona-do en el poder de la enseñanza bíblica.

Que Nos Impide?

> No hemos visto la enseñanza bíblica en los negocios porque no la hemos buscado. No lo hemos buscado porque nos hemos contentado con permitir que las ideas falsas dirijan nuestras actitudes y nuestros comportamientos.

La lista de paradigmas e ideas que nos obstaculizan se extiende bastante. Está fuera del alcance de este libro listar-los a todos. En su lugar, me voy a centrar solo en dos. Uno proviene de nuestra cultura popular y el otro proviene de la cultura institucional de la iglesia. Veamos algunas de las ideas que obstaculizan el poder de los negocios bíblicos en nues-tra cultura.

De nuestra cultura popular, encontramos la primera Idea falsa: los negocios solo se trata de hacer dinero.

Las ideas más engañosas siempre contienen un grano de la verdad. Este también lo hace. El negocio se trata de hacer dinero. Pero no se trata solo de ganar dinero.

Desde una perspectiva mundana, las empresas se forman para brindar seguridad económica a las personas que poseen y trabajan en esa empresa. Dado que los alimentos y la vivienda son necesidades básicas, una empresa, para ser viable, debe satisfacer esas necesidades. Y lo hace propor-cionando bienes y servicios por dinero. El dinero se con-vierte en una de las claves de cualquier negocio. Un negocio que no genera ingresos suficientes no va a permanecer en el negocio por mucho tiempo.

El problema surge cuando la gente de negocios se enfoca únicamente en el dinero como la razón para el negocio. Cu-ando hacen eso, pierden todos los otros beneficios in-creíbles que se acumulan para ellos, sus empleados, sus fa-milias, sus clientes y la sociedad en general.

Una empresa no necesariamente tiene que generar ganancias, pero tiene que ser sostenible. En otras palabras, el dinero es importante. Es una razón fundamental para ini-ciar un negocio. Pero las ganancias no son tan importantes como la sostenibilidad. Y las ganancias no son solo para el propósito de comprarle al dueño de un negocio un mejor au-to o una casa más grande. Como vimos en la parábola de las bolsas de oro, reinvertir en el crecimiento del negocio es una estrategia bíblica. Las ganancias se fundan y potencian el crecimiento.

Desafortunadamente, nuestra cultura popular promueve una imagen distorsionada del propósito de un negocio. Los medios de comunicación glorifican al millonario "hecho a sí mismo", Wall Street otorga enormes bonificaciones a aquellos que alcanzan sus metas de ingresos, y los CEOs reciben bonificaciones obscenas por lograr resultados tri-mestrales en compañías públicas. El énfasis en ganar dinero nunca ha sido más pronunciado o glorificado.

Por lo tanto, es realmente fácil para la persona de negoci-os reaccionar a la cultura popular y definir el éxito de la em-presa únicamente en términos monetarios. Cuando creemos que la idea de que los negocios son solo dinero, nunca vemos la entidad poderosa para siempre que un negocio bí-blico podría ser porque nunca lo buscamos. Necesitamos tomar esta idea, que el negocio solo se trata de dinero, sacarlo y desecharlo en la basura.

De la cultura eclesial institucional, encontramos la segunda idea falsa:

La obra de Dios, el ministerio real, solo se realiza bajo los auspicios de la religión establecida, lo que yo llamo el sistema eclesial institucional.

Este mensaje se proclama verbalmente y con mayor poder, y está implícito en tantos niveles que es casi imposi-ble asistir a la iglesia y no absorber esta idea. Los edificios de la iglesia a menudo se denominan "la casa de Dios"; los pastores a menudo están imbuidos de alguna autoridad es-pecial, y la donación a la iglesia local se considera un requisi-to previo para la vida cristiana. Todos estos se combinan para enviar el mensaje de que el "ministerio real" solo se realiza bajo los auspicios de la institución establecida.

El problema con esto es doble: primero, no es bíblico, y segundo, el impacto de creerlo es devastador.

Echemos un vistazo a la posición bíblica sobre la obra de Dios.

> 23 Y todo lo que hagáis, hacedlo de corazón, como para el Señor y no para los hombres;
>
> 24 sabiendo que del Señor recibiréis la recompensa de la herencia, porque a Cristo el Señor servís. (Col. 3:23–24)

Las Escrituras enseñan que ningún trabajo es mejor, más bendecido o más santo que cualquier otro. Hagas lo que ha-gas, ya sea bajo los auspicios de la religión organizada o no, es importante por quién lo haces, no por lo que haces.

Cada vez que creamos una palabra para describir algo, como "ministerio", mediante ese simple acto, implicamos la existencia de cosas que no son esa cosa. Por ejemplo, si decimos que somos "estadounidenses", esa declaración im-plica que hay otras personas que son "no estadounidenses". Cuando escuchamos a los pastores proclamar que el edificio de la iglesia es "la casa de Dios", eso implica que todo lo demás es no.

Y ahí radica el problema. Cuando mantenemos algún tra-bajo aparte como un ministerio, en efecto estamos diciendo que todo otro trabajo no es un ministerio.

Que Nos Impide?

Cuando decimos que el "trabajo ministerial" es especial, estamos, al mismo tiempo, diciendo que todo otro trabajo es ordinario y no es-pecial.

> Cuando decimos que el verdadero ministerio solo se realiza bajo los auspicios de la igle-sia organizada, decimos que no se puede re-alizar fuera de él. Y cuando hacemos eso, eliminamos a Dios y su poder de todo trabajo que no se ajuste a la definición de la religión establecida del ministerio.

Para un cristiano, no existe tal cosa como trabajo que es "no ministerio", excepto lo que es pecado. Todo lo que se hace en servicio a nuestro Señor, cada pensamiento que pensamos, cada respiración que tomamos, cada acción que hacemos, es servicio al Señor o pecado.

Los efectos prácticos de creer este paradigma han sido devastadores. Desafortunadamente, innumerables millones de personas han vivido vidas que han sido reducidas y cer-cadas por esta idea falsa. Hay miles de empresarios cris-tianos que sostienen este concepto falso de ministerio. Ya que algunas cosas son "ministerio" y otras no, así es como piensan, entonces sus negocios "no son ministerios" y están relegados al mundo de lo ordinario, no "todo lo demás" es-pecial.

Por lo tanto, a estos hermanos y hermanas cristianos se les impide ver a sus negocios como entidades santas y po-derosas en la vanguardia del avance del Reino en todos los rincones de la vanguardia del Reino en cada rincón de la economía. Millones de personas no han buscado a Dios en su trabajo. La idea de que Dios instituyó el trabajo como el primer lugar donde él interactuaría con ellos permanece ocul-ta para millones de personas. No hemos visto esa verdad porque no la hemos buscado. No lo hemos buscado porque hemos creído ideas errantes.

El impacto neto de este paradigma ha sido devastador pa-ra la fe cristiana. Según el investigador George Barna, el sistema institucional de la iglesia ha gastado $ 530 mil mil-lones de dólares en sí mismo en las últimas dos décadas y no ha aumentado el porcentaje de cristianos ni siquiera en un uno por ciento.6

¡Qué increíble desperdicio de regalos, talentos, tiempo y energía! Satanás debe amar esta idea. Mire todo el poder del Espíritu Santo que ha obstaculizado y mantenido en múltiples naciones y muchas generaciones. Debe ser uno de sus fa-voritos.

> No hemos visto la verdad sobre los negocios bí-blicos porque no la hemos buscado. No lo hemos buscado porque nos hemos contentado con creer ideas errantes.

Estas son solo dos de las ideas que han servido para encajonar a la luz de las enseñanzas del Espíritu Santo acerca de los asuntos bíblicos. Hay docenas de otros. El enfoque de este libro nos impide crear una lista exhaustiva. Un lugar para buscar, si está interesado en profundizar, es mi libro comple-mentario, ¿Es la Iglesia institucional realmente la Iglesia? 7, que se describe en las páginas posteriores de este manuscrito. O visita mi blog en www.thebiblicalbusiness.com/blog

La razón por la que no hemos visto esa luz es que no la hemos buscado. Las ideas desenfrenadas en nuestra cultura nos tienen enfocados en otra parte. Si los negocios bíblicos van a recupe-rar su lugar legítimo en el Reino, estas ideas errantes deben sa-carse de la caja y arrojarse a la basura de la historia, para unirse al "mundo es plano" y todos los otros falsos paradigmas que han obstaculizado la La causa del reino.

> Incidentes bíblicos de "pastores" profesionales ubicados en iglesias del Nuevo Testamento
>
> Incidentes de líderes empresariales que llevan a sus empleados a aceptar a Cristo
>
> Incidentes de reuniones de iglesias en edificios dedicados de iglesias
>
> Incidentes de reuniones de iglesias en casas de líderes empresariales

1. ¿En qué medida está de acuerdo con esta afirmación: "Así que es completamente posible, incluso probable, que casi todos nosotros

tengamos algunos paradigmas falsos y dañinos que acechan en lo profundo de nuestras mentes y almas e influyan en nuestras actitudes y comportamientos de maneras que son En última instancia, perjudicial para nuestra salud espiritual, tanto individualmente como la de nuestras comunidades"

2. ¿Hasta qué punto es posible que algunas de nuestras ideas pro-fundamente arraigadas obstaculicen realmente el funcionamiento del Espíritu Santo en nuestras vidas y en nuestras comunidades?

3. ¿Hasta qué punto está de acuerdo con esta afirmación: "No hemos visto la enseñanza bíblica en las empresas porque no la hemos buscado? No lo hemos buscado porque nos hemos contentado con permitir que las ideas falsas dirijan nuestras actitudes y nuestros compor-tamientos ".

4. ¿En qué medida está de acuerdo o en desacuerdo con la idea de que "el verdadero ministerio solo se realiza con ministros profesionales.

Perfil: La Empresa Innogroup

Mike Lanser, CEO de Innotech, le da crédito a los pro-pietarios de Prince Corporation por haber planteado en él la idea de que una empresa podría tener un propósito más grande que solo ganar dinero. La familia que originalmente formó Prince Corporation vio el negocio como un medio para generar ingresos que luego podrían regalar para financiar obras de caridad.

Él y su hermano, Brian, eran ingenieros de Prince Cor-poration cuando vieron la oportunidad de subcontratar al-gunos de los procesos de fabricación a una empresa que comenzarían. Prince les dio un contrato, y en 1992, Innotech comenzó con Mike, Brian y su padre al mando.

Antes de comenzar el negocio, cada uno escribió un documento de una página que detallaba sus ideas sobre lo que podría ser un negocio y por qué querían formar este negocio. De eso surgió el consenso de que el negocio debería construirse sobre principios bíblicos. Lo que eso significa exactamente es una comprensión que ha evolucio-nado. Originalmente, el concepto era utilizar algunas de las ganancias de la empresa para causas benéficas. A día de hoy, un porcentaje fijo de las ganancias de la empresa son donados. A medida que la compañía evolucionó y creció, también lo hizo su opinión sobre lo que constituía una com-pañía con base en la Biblia.

Sus beneficios únicos para empleados surgieron de esa convicción. Por ejemplo, todos los empleados tienen tres semanas de vacaciones y pueden tomar dos semanas adi-cionales si donan ese tiempo a una causa benéfica. Cada siete años, cada empleado puede tomar un período sabático de tres meses dedicado al desarrollo personal.

A medida que su comprensión de lo que significa con-vertirse en un negocio bíblico evolucionó, finalmente se cod-ificó en su declaración de:

"Catorce Dimensiones"

1. Bienestar [físico, emocional, relacional]

2. Dando tiempo

3. Dando talento

4. Dando dinero

5. Creciendo espiritualmente

6. Mantenimiento de la tierra

7. Amar y cuidar a los demás.

8. Proporcionando puestos de trabajo

Que Nos Impide?

9. Personas en crecimiento [impacto y habilidad]

10. Donde elegimos hacer negocios [BLB vs. LLB]

11. Elección de productos y servicios [viseras, huérfanos, balas, diseño...]

12. Invertir nuestra reputación

13. Compartiendo lo que hemos aprendido.

14. Dentro> Grandes Operaciones

15. Externo> Impacto

En una discusión en el patio entre los tres principios de "¿cómo jugamos a lo grande y aún nos sentimos pequeños?" Brian propuso el concepto que era multiplicar el impacto de la compañía: crear una matriz de compañías compatibles, todas conectadas de alguna manera con Innotech. pero con ges-tión independiente.

Con ese concepto, la primera empresa, Ventura Manu-facturing, se inició en 1997 para asumir algunos procesos de fabricación que no estaban en el corazón de los puntos fuer-tes de Innotech. Esa primera compañía estableció el patrón que se repitió una docena de veces. Innotech proporcionaría la semilla del negocio y un grado de supervisión al tiempo que conserva una propiedad minoritaria en el nuevo negocio. Hoy en día, el grupo ecléctico de empresas con fines de lu-cro y sin fines de lucro incluye Inno-Versity, InnoGroup Foundation, Innocademy, Vortec Tooling, Ventura Manufac-turing, Inontime y Venture Source. Como grupo, estiman que emplean a alrededor de mil personas y hacen un par de cien-tos de millones de dólares en ventas anuales.

No es que su crecimiento haya sido sin incidentes. La recesión de 2008 fue brutal para las empresas. Como Mike lo dice, la compañía había invertido fuertemente en tres áre-as de crecimiento. No se desarrollaron completamente cuan-do golpeó la recesión. Los bancos se negaron a prestar, y el flujo de efectivo de la compañía se vio severamente re-stringido. La compañía se atrasó con sus proveedores y el banco los puso en un programa de ejercicios. "Nos cuesta alrededor de $ 2 millones en tarifas adicionales cuando menos nos lo podemos permitir", dijo Mike. No había más remedio que doblar y hacer que los tres esfuerzos fructifica-ran mediante el trabajo duro. Y lo hicieron, pero a un alto costo de estrés y energía. "Los efectos secundarios todavía se sienten aquí", reflexionó Mike.

Uno de los temas que están en la parte superior de la lista de Mike en estos días es la sucesión de negocios. Si bien la compañía es propiedad del ESOP en un 25 por

Que Nos Impide?

ciento, las preguntas sobre cómo transmitir los principios y valores a otra generación y proporcionar una eventual transición de liderazgo ocupan una gran parte de su tiempo.

A medida que miran hacia el futuro, las compañías con-tinúan refinando lo que significa ser un negocio bíblico y jun-tas persiguen una visión de crear "128 puntos de luz que ayudan a 10,000 personas a impactar las vidas de las per-sonas".

Capitulo 15

¿Que vamos a hacer? Un Plan de acción para avanzar

He argumentado que la razón por la que no hemos descubierto la enseñanza bíblica sobre las empresas es que nadie estaba mirando. Y la razón por la que nadie estaba mi-rando tiene que ver con los falsos paradigmas que han ocu-pado nuestro sistema de creencias.

Si vamos a crear un mundo donde las empresas bíblicas recuperen el lugar que les corresponde en el Reino, entonc-es debemos cambiar los paradigmas que se aceptan habit-ualmente en el cristianismo moderno.

Dentro de cinco años, podríamos cambiar los paradig-mas de la cultura, descartando aquellos que los obstaculizan y reemplazándolos con ideas afirmativas que apoyan la pro-liferación de negocios bíblicos. Dentro de diez años, po-dríamos multiplicar el número de negocios bíblicos que oper-an en el mundo por un factor de diez (al menos). Al hacerlo, podríamos extender el Reino a todos los rincones de nuestra cultura y economía. En una década, podemos cambiar el mundo.

Sabemos que es posible. Tenemos un modelo en el movimiento por los derechos de los homosexuales. Dentro de una década, las ideas de toda la nación sobre los derech-os de los homosexuales y el matrimonio gay se transfor-maron. El tres por ciento de la población cambió el pensam-iento de la mayoría de la población. Ahora podemos usar las mismas estrategias para penetrar en el mundo con el Reino.

Vamos a entrar en los detalles de cómo funcionaría eso.

La enciclopedia de Wikipedia articula con precisión las necesidades para cambiar un paradigma:

Otro uso de la palabra paradigma es en el sentido de "cosmovisión". Por ejemplo, en ciencias sociales, el término se usa para describir el conjunto de experi-encias, creencias y valores que afectan la forma en que un individuo percibe la realidad y responde a esa per-cepción. . Los científicos sociales han adoptado la frase kuhniana "cambio de paradigma" para denotar un cam-bio en la forma en que una sociedad determinada organ-iza y comprende la realidad. Un "paradigma dominante" se refiere a los valores, o sistema de pensamiento, en una sociedad que es más estándar y se mantiene ampli-amente en un momento dado. Los paradigmas dominan-tes están moldeados tanto por los antecedentes cul-turales de la comunidad como por el contexto del mo-mento histórico. Las siguientes son condiciones que fa-cilitan que un sistema de pensamiento se convierta en un paradigma dominante aceptado:

- **• Las organizaciones profesionales que dan legitim-idad al paradigma.**

¿Que vamos a hacer? Un Plan de acción para avanzar

- Líderes dinámicos que introducen y pretenden el paradigma.
- Revistas y editores que escriben sobre el sistema de pensamiento. Ambos difunden la información esen-cial para el paradigma y dan legitimidad al paradig-ma.
- Agencias gubernamentales que dan credibilidad al paradigma.
- Educadores que propagan las ideas del paradigma enseñándolas a los estudiantes.
- Conferencias realizadas dedicadas a discutir ideas centrales para el paradigma.
- Cobertura mediática
- Grupos laicos, o grupos basados en las pre-ocupaciones de los laicos, que abrazan las creencias centrales al paradigma.
- • Fuentes de financiación para futuras investigaciones sobre el paradigma.

Vamos a utilizar este poco de investigación como un patrón para seguir adelante. A continuación se muestra cómo cada uno de los puntos mencionados anteriormente podría influir en la tarea de cambiar nuestros paradigmas. Si vamos a cambiar el mundo utilizando la falange primaria de Dios en un mundo perdido y herido, necesitamos ...

Organizaciones profesionales que dan legiti-midad al paradigma.

Existe una asociación nacional para casi todos los grupos comerciales, profesiones e industrias. Supongamos que los propietarios de negocios bíblicos podrían presionar a esas asociaciones para crear subgrupos de negocios bíbli-cos. Podríamos, dentro de un par de años, tener cientos o incluso miles de organizaciones profesionales dentro del marco existente de negocios bíblicos dedicados a promulgar el patrón.

Líderes dinámicos que introducen y apoyan el paradigma.

Las personas que ya tienen posiciones de influencia a través de sus escritos o sus oraciones podrían comenzar a presentar la idea de un negocio bíblico dentro del contexto de su mensaje actual. Hay miles de líderes empresariales, bloggers, autores y consultores que podrían incorporar este concepto a sus mensajes, utilizando las esferas de influencia existentes para proclamar el mensaje. Esto podría comenzar en unos meses.

Los pastores en particular podrían usar sus púlpitos e influencia para promover una visión más bíblica del Reino y sostener la primacía de los negocios bíblicos como la primera opción de Dios para llevar el Reino de la seguridad económi-ca, el desarrollo espiritual y los dones espirituales a cada rincón y rincón del mundo. cultura. Podrían comenzar esta próxima semana.

Revistas y editores que escriben sobre el sis-tema de pensamiento. Ambos difunden la in-formación esencial para el paradigma y dan legitimidad al paradigma.

Una vez más, todo lo que se necesita es que las personas que actualmente ocupan estas posiciones comiencen a dar a conocer la idea, exponer los eventos empresariales bíblicos y cubrir de manera proactiva el movimiento emergente. Den-tro de un par de años, cientos de revistas, editores y period-istas podrían contribuir al movimiento.

Agencias gubernamentales que dan credibili-dad al paradigma.

Imagine a los empleados y gerentes de cientos de agencias gubernamentales (federales, estatales, del condado y de la ciudad) que deciden interpretar sus mandatos de manera tal que promuevan iniciativas empresariales basadas en la fe. Ciertamente se podría hacer. Vimos el mismo prin-cipio en funcionamiento cuando el IRS de Obama optó por retrasar las solicitudes para obtener un estado sin fines de lucro de organizaciones conservadoras. Supongamos que algunos de esos mismos burócratas decidieron hacer ex-actamente lo contrario: usar su influencia para apoyar y promover negocios basados en la fe. Se ha hecho. Se puede hacer.

Al mismo tiempo, las legislaturas en todos los niveles (feder-al, estatal, del condado, de la ciudad) podrían redactar leyes para apoyar y promover los esfuerzos de los negocios bíbli-cos. Vimos esta misma estrategia promulgada por el mo-vimiento por los derechos de los homosexuales. Lo que comenzó como una serie de voceros vocales finalmente se transformó en legislación favorable a su causa en todos los niveles de gobierno. Así que sabemos que la estrategia fun-ciona. Ahora vamos a darle ventaja al Reino.

Educadores que propagan las ideas del para-digma enseñándolas a los estudiantes.

Supongamos que los profesores y administradores de las universidades cristianas aceptaron el desafío de cambiar los paradigmas de sus estudiantes y comenzaron a enseñar y preparar a sus estudiantes para la vocación más elevada de dirigir un negocio bíblico. Dentro de cinco años, se podrían graduar miles de estudiantes que estaban preparados y ha-bilitados para contribuir al movimiento. Ellos realmente po-drían "preparar a los santos para trabajos de servicio".

Los educadores en instituciones no religiosas podrían hacer lo mismo. Vemos cursos desarrollados para diversos aspectos de los derechos de los homosexuales, los derech-os de las mujeres, etc. Ahora, los valientes educadores de colegios y escuelas secundarias podrían crear cursos y módulos dentro de los cursos existentes para dar visibilidad y credibilidad al movimiento de derechos de negocios bíblicos.

Conferencias realizadas dedicadas a discutir ideas centrales para el paradigma.

Los planificadores de conferencias de todo tipo (individuos influyentes, asociaciones, blogueros, etc.) podrían organizar conferencias en todo el mundo para exponer a las personas al concepto de un negocio bíblico y liberarlos de los paradigmas que las han mantenido embotelladas. Pistas separadas que se enfocan en negocios bíblicos podrían agregarse a los eventos existentes casi de inmediato.

Ya hemos visto algunas de estas conferencias. Estas conferencias existentes solo tienen que centrarse en arrancar las pantallas que dificultan nuestra forma de pensar, eliminar las ideas y paradigmas que nos han obstaculizado y reemplazarlos por paradigmas que promueven los negocios bíblicos que afirman el Reino.

Media, Redes Sociales.

La gente de los medios de comunicación podría elegir resaltar eventos, personas y circunstancias que arrojen luz sobre el movimiento. Esta creciente cobertura mediática agregaría credibilidad y visibilidad al movimiento. Una vez más, sabemos que se puede hacer porque ya se ha hecho. El movimiento por los derechos de los homosexuales es un ejemplo. En una década, casi toda la nación cambió sus creencias sobre el matrimonio gay. La cobertura de los medi-os que se inclinó a dar a conocer y promover el movimiento fue en gran medida responsable. Podemos usar esa misma estrategia para promover el mensaje de las empresas bíblicas que construye el Reino y afirma la vida.

Grupos laicos, o grupos basados en las preocu-paciones de los laicos, que abrazan las creen-cias centrales del paradigma.

El autor de esta lista obviamente opera desde el para-digma de que hay clérigos y laicos, y los dos son grupos separados y distintos. Negamos esta idea. No hay una base bíblica para esta idea, y el concepto es una de esas ideas que mantienen a las personas como rehenes y pantallas de clavos sobre el poder del Espíritu en sus vidas. No hay clero, y no hay laicos; sólo hay cristianos

El hecho de que este elemento aparezca en esta lista solo sirve para ilustrar la aceptación y el profundo respeto de los universos son los falsos paradigmas que obstaculizan el movimiento.

Fuentes de financiación para futuras investiga-ciones sobre el paradigma.

Los fondos existentes podrían simplemente agregar cri-terios a sus pautas que identifican y valoran a las empresas que se esfuerzan por ajustarse al modelo bíblico de negoci-os. Los inversores ángel podrían hacer lo mismo. Las com-pañías que buscan realizar adquisiciones podrían agregar criterios a su lista de características que buscan identificar y valorar más a los candidatos que se esfuerzan por conver-tirse en negocios bíblicos.

Con solo un ligero cambio en la perspectiva, se podrían liberar millones, si no miles de millones, de dólares de fon-dos de inversión para promover las empresas del Reino. Es-to podría hacerse en unos meses.

Los grupos pequeños de personas de negocios bíblicos podrían formar grupos de inversión y mentoría y tratar de crear, promover y fomentar negocios bíblicos en su esfera de influencia.

La estrategia está probada. La infraestructura está en existencia. Las personas necesarias para que esto ocurra ya están en su lugar. Podríamos cambiar real y verdaderamente los paradigmas que nos han obstaculizado en cinco años. En diez años, podemos multiplicar el número de empresas bíbli-cas en todo el mundo por un factor de diez, al menos. En diez años, podemos penetrar en todos los rincones de la economía mundial y condimentarlo con la sal de los negocios bíblicos. Podemos cambiar el mundo en diez años. Todo lo que se necesita son personas valientes, guiadas por el Es-píritu, que estén dispuestas a tomar el mensaje, a arreman-garse ya meterse en el negocio de multiplicar el número de negocios bíblicos.

Si ocupa una de las posiciones mencionadas en la lista anterior, tendrá la oportunidad de tener un impacto significa-tivo al utilizar su posición para promover de manera proactiva las ideas que hemos desvelado.

Si eres una persona joven considerando una educación y una carrera...

Considere cuidadosamente el ministerio de encabezar o ser parte de un negocio cristiano. Le brindará un desafío de por vida y la oportunidad de vivir las interacciones diarias con empleados, familiares, clientes, proveedores y otros accion-istas. Estarás en la vanguardia de la falange de Dios para re-cuperar la creación. Tendrá la oportunidad de multiplicar su influencia, proveer a los pobres y aumentar la riqueza de su familia. El mundo y el reino de Dios te necesitan.

Si una empresa no está en su alcance, considere una de las profesiones y roles mencionados anteriormente. Puede uti-lizar la influencia y la posición que obtenga para impulsar la agenda comercial bíblica.

SI eres pastor...

Si ha sido culpable de promover las ideas erróneas que han servido para impedir la publicación de negocios bíblicos en su congregación, es hora de cambiar su enfoque.

Luego considera usar tu influencia para alentar el creci-miento del reino, no solo la asistencia a tu iglesia. Compren-da que es en la casa, el negocio cristiano, donde se realiza el verdadero discipulado y donde las personas se convierten, se ministran y se responsabiliza. Comience a pensar en su iglesia como un lugar donde los jefes de familia pueden ser equipados, apoyados y alentados, un lugar para servir a las empresas y los empresarios que Dios ha elegido para ser la falange de su Reino.

Una solution para congregaciones

Supongamos que usted, el pastor, comenzó a compren-der que el asunto bíblico es la primera opción de Dios para penetrar en el mundo con el Reino, proporcionar seguridad económica a las personas y interactuar con él. ¿Qué podrías hacer?

Aquí hay una iniciativa específica:

1. Anima a los empresarios de su congregación a ver sus negocios como la primera opción de Dios para extender el Reino.

2. Fomentar el desarrollo de habilidades empresariales en la congregación.

3. Cree un "equipo de desarrollo de negocios" entre sus congregantes, con el cargo específico de fomentar el inicio y el crecimiento de los negocios bíblicos dentro de la con-gregación.

4. Dirija un gran porcentaje de sus ingresos a un fondo dirigido por el equipo de desarrollo empresarial que ayudaría a financiar el inicio y la expansión de los negocios bíblicos.

5. Aliente y equipe a sus congregantes para que vean sus negocios como "mini-congregaciones" y aliente a los dueños de sus negocios a aceptar la responsabilidad de "pastorear" a sus empleados.

6. Alentar y equipar a sus congregantes para que vean sus negocios como 'mini-congregaciones' y autorice a los pro-pietarios de aceptar la responsabilidad de "pastorear" a sus empleados.

¿Que vamos a hacer? Un Plan de acción para avanzar

Si Ud. Es un Administrador de una Universidad Cristiana....

Si Ud. ha sido culpable de promover las ideas erróneas que han servido para impedir el inicio de empresas bíblicas en su universidad, es hora de cambiar su enfoque.

Luego entienda que producir cientos de empresarios cristianos, equipados y alentados para crear empresas cristi-anas en todo el mundo, es una vocación más alta que pro-ducir pastores. Convierte tus seminarios en campos de en-trenamiento de jóvenes emprendedores cristianos. Capacite a la próxima generación de jefes de familia para ocupar el terreno que ha sido despedido e ignorado por generaciones. Tome la iniciativa de restaurar el negocio bíblico a su lugar legítimo en el reino de Dios. Desarrolle este entendimiento en todos los estudiantes de su institución. Llene los espacios anotados en la lista de iniciativas que cambian de paradigma con graduados que tienen energía para cambiar el mundo a través de los negocios bíblicos.

Si actualmente eres un empresario cristiano....

Da gracias por el ministerio especial que el Señor te ha dado. Si está empleado en una empresa no cristiana, apren-da todo lo que pueda y sea un empleado confiable y renta-ble. Entiende que estás donde estás por una razón. Ora para que el Señor te muestre si quiere que te conviertas en un empresario cristiano. Pídele que abra esas puertas, si eso es lo que tiene para ti.

Considere el *Curso de Negocios Bíblicos* como una manera de entender cómo moldear su negocio en el molde de negocios bíblicos.

Si eres dueño de una empresa......

Da gracias por el ministerio especial que el Señor te ha dado. Comience a ver su negocio como la vanguardia del ejército del Señor, a cargo de la creciente riqueza e influen-cia y de proporcionar un mecanismo para proporcionar empleo, un entorno de trabajo cristiano, un lugar donde los demás puedan implementarse a diario. Su organización es el núcleo de la iglesia, la vanguardia en los esfuerzos del Señor por convertir el mundo y establecer el Reino en cada rincón y grieta de este mundo.

Si usted es un trabajador o un empleado y no se considera que tiene los recursos o el interés en comenzar su propio negocio...

Da gracias por el ministerio especial que el Señor te ha dado. Eres el tema de varias de las parábolas de Jesús. Con-sidera tu papel sagrado. Si trabajas para una empresa no cristiana, considérate ser la sal y la luz en esa organización. Pídale al Señor que fortalezca su testimonio y que le permita practicar a los demás con todos los que lo rodean. Esfuércese por ser un empleado rentable y

¿Que vamos a hacer? Un Plan de acción para avanzar

confiable y un compañero de trabajo confiable. Si trabajas en un negocio familiar cristiano, agradece el ministerio especial que el Se-ñor te ha dado. Usted proporciona la sabiduría operativa y el conocimiento que impulsa el negocio familiar cristiano. Tu trabajo es más grande que tu trabajo. Usted es parte del ejército del Señor, está acumulando riqueza, ganando influ-encia y extendiendo la providencia del Señor a quienes lo rodean ya todos los que su organización toca.

Si eres un profesional que atiende negocios bíblicos...

Comprenda que pocas empresas de propiedad cristiana se ven a sí mismas como empresas bíblicas, en la vanguardia de la falange de Dios para recuperar la creación y proliferar el Reino. Los paradigmas del sistema eclesiástica institucional hacen que piensen mucho menos en sí mismos y en sus ne-gocios.

Trabaje para educarlos y liberarlos de los impedimentos de los paradigmas negativos que han funcionado para man-tener sus negocios limitados y atados.

> La infraestructura ya está en su lugar. La estrate-gia está probada. Todo lo que necesitamos son personas valientes, listas para asumir las ideas establecidas y promover negocios bíblicos. Tú puedes ser uno de ellos. Ahora es el momento.

Ayúdelos a verse a sí mismos como poderosos caballe-ros en el ejército de Dios y sus negocios como la primera línea de batalla. La infraestructura ya está en su lugar. La es-trategia está probada. Todo lo que necesitamos son per-sonas valientes, listas para asumir las ideas establecidas y promover negocios bíblicos. Tú puedes ser uno de ellos. Ahora es el momento.

Capitulo 16

Reflexiones

Lo hemos echado a perder. Tuvimos la nación más grande en la historia del mundo, con una cultura que celebraba el cristianismo y reflejaba esos valores. En un par de generaciones, hemos perdido esa cultura, hemos perdido esos valores y hemos detenido el aumento de cristianos. Ahora tenemos una cultura que celebra valores decadentes y en la que el porcentaje de cristianos evangélicos disminuye anualmente.

Lo hemos echado a perder porque lo hemos echado de menos. Nos perdimos la clara enseñanza en la Biblia, desde el principio en Génesis hasta el final del Nuevo Testamento, que retrata claramente a la familia (negocios bíblicos) como la prioridad de Dios en la batalla para redimir la creación y toda su gente. Nos lo hemos perdido porque hemos creído los paradigmas falsos y peligrosos de la sabiduría convencional: de la cultura popular, los negocios solo tienen que ver con el dinero y del establecimiento religioso de que el verdadero ministerio solo se realiza dentro de los programas de la igle-sia, lo que hace que los negocios sean un segundo esfuerzo de clase.

Creemos en esos paradigmas, y esa creencia ha llevado a un obstáculo sin precedentes al poder del Espíritu Santo para impactar a las personas y la cultura: millones de empre-sarios que piensan de sí mismos como cristianos de segunda clase, millones de personas a las que se podría haber dirigi-do. Cristo, y no lo eran, millones de personas que viven en la pobreza cuando podrían haber sido sacados de ella por ne-gocios bíblicos en crecimiento.

Sin embargo, ya no tenemos que ser engañados. Nosotros, los hombres de negocios del Reino, tenemos que aceptar la responsabilidad de devolver los negocios a su lu-gar legítimo en el Reino y desatar su poder para crear empleos, tocar personas, desarrollarlas espiritualmente, en-contrar a Dios y penetrar la oscuridad con la luz.

En el primer capítulo, escribí esto:

No soy tan ingenuo como para creer que este libro solo va a con-vencer a multitudes de personas a cambiar algunos de los paradig-mas que la iglesia institucional y la cultura les han inculcado.

Pero creo que tengo la responsabilidad de comenzar la conver-sación. Si bien la resistencia a lo que tengo que decir puede ser ex-traordinaria, mi esperanza es que pueda decir que liberará a otros para seguir adelante. Dios ha creado un movimiento. Podemos sal-tar en él y tener un papel en cambiar el mundo.

Puede ser que no estés de acuerdo con todo lo que he escrito. Esta bien. El punto es este: el movimiento ha comen-zado. Hay muchos lugares para que individuos y organi-zaciones de todo tipo participen, se unan a la obra de Dios y tengan un papel en el próximo gran movimiento del Todo-poderoso en nuestras vidas.

No es necesario que esté de acuerdo conmigo al 100 por ciento para vislumbrar lo que podría ser si proliferáramos los negocios bíblicos. Unete al movimiento.

Involucrarse. Encuentra tu lugar. En cinco años, podemos cambiar los paradigmas errantes comúnmente aceptados. En diez años, podemos multiplicar el número de negocios bíbli-cos en el mundo por un factor de diez. Podemos cambiar el mundo. Hagámoslo.

> En cinco años, podemos cambiar los paradig-mas errantes comúnmente aceptados. En diez años, podemos multiplicar el número de nego-cios bíblicos en el mundo por un factor de diez. Podemos cambiar el mundo. Vamos a hacerlo.

Dave Kahle tener la posibilidad para hablar con su grupo o ayudar a que su negocio crezca. Visita el Curso de Negocios Bíblicos:

www.thebiblicalbusiness.com/biblical-business-course

Notas

1. Neighmond, Patti. "Las personas que sienten que tienen un propósito en la vida viven más tiempo". vida-vida-más larga

2. El Consejo de Asesores Económicos. "Nueve hechos sobre las familias estadounidenses y el trabajo.
www.whitehouse.gov/sites/default/files/docs/nine_facts_ab outfamily_ and_work_real_final.pdf

3. La Junta Alternativa. "Una nueva encuesta mues-tra que el equilibrio entre trabajo y vida es posi-ble, pero no es probable para los em-prendedores".

4. Bosker, Bianca. "Sheryl Sandberg: No existe tal cosa como el equilibrio entre trabajo y vida". The Huffington Post.
www.huffingtonpost.com/2012/04/06/sheryl-sandbergn_1409061.html

5. Collins, Ken. "Diferencias culturales: hogar",
http://kencollins.com/explanations/why-10.htm

6. Barna, George, citado por Hillman, Os, Faith & Work, un libro electrónico de Os Hillman, pág. 31, Líderes del mercado.

7. Kahle, Dave. ¿Es la Iglesia institucional realmente la Iglesia? Publicaciones Tate, 2014.

8. Kahle, Dave. "Creencias de cataratas n.º 2: se me exige que entregue mi diezmo a la iglesia local".
http://bit.ly/2kuV9JD

9. Wikipedia. "Concepto de paradigma y las ciencias sociales, Paradigma".
https://en.wikipedia.org/wiki/Paradigm

10. El Curso de Negocios Bíblicos es un conjunto de lecciones de Dave Kahle, diseñado para ayudar a los empresarios a tomar medidas para convertir su negocio en el patrón bíblico. Para revisarlo, visite:
www.thesalesresourcecenter.com/the-biblical-business-course

Notas

Considera el Curso de Negocios Bíblicos de Dave Kahle

All books are available from the websites listed, or wherever business books are sold.

Is the Institutional Church Really the Church?

www.davekahle.com/institutional-church-really-church

In the last 20 years, the institutional church has spent $530 Billion on itself, and not increased the percent-age of Christians in this country by even one percent. Isn't it time someone asked some questions? Dave Kahle does. This book will change your views of the church forever.

How to Sell Anything to Anyone Anytime

www.davekahle.com/sell-anything-anyone-anytime

This book is in a class by itself. It has been:

- Named one of the Top Five Business Books by getAbstract in the April, 2011 edition of Next, the customermagazine by Price Water-houseCoopers.
- Named one of the Top Five Business Books by
- Handelsblatt, the biggest German-language
- business and finance newspaper.
- Named one of the top Ten English Business books in Austria by WirtschaftsBlatt, Austria's only business daily.
- Translated into Malaysian English, and available in Malaysia.
- Translated into both Complex and Simplified Chinese, and available throughout China.
- Translated into Latin American Spanish, and available throughout Latin America.

- Available in Malaysian English in Malaysia and Singapore.
- Available in a Kindle edition in Germany.
- Available as a Kindle edition in Italy.
- Available as a Kindle edition in the U. K.

If you want to grow your business, this is the book to read.

wwww.davekahle.com/wordpressblogs/sell-anything-anyone-anytime

The Heart of a Christian Salesperson

"Being a Christian sales person is going to be tricky."

That's what I thought as I entered my first profes-sional sales position. In retrospect, my life as a Chris-tian sales person was confusing, gut-wrenchingly difficult, frustrating and wonderfully rewarding. I dealt with questions that you may also face:

- How do I balance the need to get results with the Christian ethic of leaving the outcomes to Christ?
- Where do I go for support and encouragement in a church where I'm seen as a second class citizen?
- How and when do I voice my beliefs on the job, when my employer is not paying me to do that?
- How do I maintain my perspective when some of the professional Christians around me are so much more. manipulative and deceitful than any secular acquaintance?
- How do I maintain my Christian ethics inside a company that supports just the opposite?
- How do I grow a consulting practice with no resources and no network?

Here's my story: www.davekahle.com/heart-christian-sales-pereson

Para otros libros del autor, visite: www.davekahle.com

¡Da el siguiente paso para trans-formar tu negocio en un negocio bíblico! Consider Dave Kahle's Biblical Business Course.

Doce lecciones diseñadas para guiar los pri-meros pasos para convertir su negocio en un negocio bíblico. Obtenga más información aquí:
www.thesalesresourcecenter.com/the-biblical-business-course

Para obtener más recursos para ayudarlo a construir un negocio bíblico, visite:
www.thebiblicalbusiness.com/biblical-business-course

Regístrese para recibir publicaciones regulares aquí:
www.davekahle.com/subscribe-daves-e-zines

Dave Kahle está disponible para hablar con su grupo o ayudar a que su negocio crezca. Visita www.davekahle.com

www.ingramcontent.com/pod-product-compliance
Lightning Source LLC
Chambersburg PA
CBHW031944170526
45157CB00002B/379